英语翻译与教学方法创新研究

郭爱平 韩培利 著

中国大地出版社
·北京·

图书在版编目（CIP）数据

英语翻译与教学方法创新研究 / 郭爱平，韩培利著. — 北京：中国大地出版社，2018.11（2025.1 重印）
ISBN 978-7-5200-0299-8

Ⅰ. ①英… Ⅱ. ①郭… ②韩… Ⅲ. ①英语—翻译—教学研究 Ⅳ. ①H315.9

中国版本图书馆 CIP 数据核字(2018)第 249104 号

YINGYU FANYI YU JIAOXUE FANGFA CHUANGXIN YANJIU

责任编辑：王雪静　马洁瑶
责任校对：韦海军
出版发行：中国大地出版社
社址邮编：北京市海淀区学院路31号，100083
电　　话：(010)66554542（编辑室）
网　　址：http://www.chinalandpress.com
传　　真：(010)66554577
印　　刷：北京地大彩印有限公司
开　　本：787mm×1092mm 1/16
印　　张：13.25
字　　数：228千字
版　　次：2018年11月北京第1版
印　　次：2025年1月北京第2次印刷
定　　价：48.00元
书　　号：ISBN 978-7-5200-0299-8

（如对本书有建议或意见，敬请致电本社；如本书有印装问题，本社负责调换）

前 言

进入 21 世纪以来,中国已全面融入经济全球化、知识信息化的浪潮,在以和平与发展为时代特征的地球村中扮演着越来越重要的角色,也面临着越来越多的机遇和挑战。随着我国与国外经济、文化等方面交流的增多,对外语人才的数量、质量、层次和种类提出了更高的要求。掌握一门外语以主动融入国际交流是目前乃至未来社会人才必备的重要素质之一。英语作为一门国际通用语言,已成为国际社会广泛采用的交流工具。随着科学技术和全球化的进一步发展,英语的重要性无疑会更加凸显。

翻译主要是建立在语言之间的转换上,但是还是要呈现出原文的意思,需要更精准。不管是文稿,还是讲话,都必须保证原文的意思不能篡改,否则也就失去了英语翻译的意义。如果出现偏差的话,双方之间的交流和沟通也会受到影响。翻译作为语言学习的主要发展方向之一,在语言学习与应用中占有十分重要的地位。不同的语言之间可以通过翻译促进交流。英语翻译可以让我国和外国之间的文化交流得到发展,特别是在一些技术和设备的引进方面,英语翻译非常关键。良好的翻译可以推动国际社会的发展,促进我国经济、文化更多地走上国际舞台。

现在的社会需要的是具有一定英语语言交际能力的人才,教育教学需要进行有效的改革才能适应,这样要求给教育教学带来变化。现在的英语教师正在接受新课程改革的培训,目的是要更新教育教学理念,让广大的一线教师能够运用新课程的教育教学理念指导自己的英语教学,不仅要教给学生英语知识,更要培养学生的英语语言表达能力。所以,要达到这样的要求,更新教育教学观念是必须的一环。全新的教学理念认为,教师应改变传统的教学方式,让学生主动地去进行研究与思考,这才能达到素质教育的目的。这就需要教师摆脱传统教学理念的束缚，主动地更新教育教学理念，把发挥学生的主体作用和培养学生的口语表达能力作为英语教学的重中之重来对待。

本书从我国英语翻译教学的实践出发，对当前英语翻译的发展趋势及其教学工作进行了深入的分析与研究，主要内容包括：翻译的发展及认识、英语翻译的理论基础、英语翻译的技巧与方法、不同文化差异背景下的翻译问题、英语翻译教学层次、英语教学方法与策略、教育改革背景下的英语教学模式以及跨文化交际视角下的英语教学。本书内容体系完整，研究视角多元，适合英语教学研究工作者阅读，并对英语教师改善自己的教学水平有一定的帮助作用。

本书在写作过程中参考了众多专家学者的研究成果，在此表示诚挚的感谢！由于时间和精力的限制，本书在写作中可能会出现疏漏，恳请广大读者积极给予指正，以便使本书得以不断完善！

作 者

2018 年 8 月

目 录

第一章 翻译的发展及认识 1
第一节 翻译的发展的历程 1
第二节 翻译的定义、要求及标准 11
第三节 翻译的实质及翻译者的基本素质 30
第四节 我国高校英语翻译教学现状及存在的问题 34

第二章 英语翻译的理论基础 42
第一节 错误分析理论与功能对等理论 42
第二节 关联翻译理论与翻译模因理论 52
第三节 功能翻译理论与图式理论 65

第三章 英语翻译的技巧和方法 79
第一节 词汇的翻译技巧和方法 79
第二节 句子的翻译技巧和方法 97
第三节 语篇的翻译技巧和方法 110

第四章 不同文化差异背景下的翻译问题分析 126
第一节 不同思维方式下的翻译问题 126
第二节 不同宗教文化背景下的翻译问题 127
第三节 地域文化差异中的翻译问题 129
第四节 社会习俗差异对翻译的影响 130

第五章 英语教学的三个层次 147
第一节 英语教学的文化层次 147
第二节 英语教学的情感层次 155
第三节 英语教学的学习层次 159

第六章 英语教学方法的策略及实践研究 ... 171

第一节 教学与教学方法 ... 171
第二节 英语教学中常见教学方法分析 ... 175
第三节 英语教学方法的策略及实践 ... 193

参考文献 ... 204

第一章 翻译的发展及认识

第一节 翻译的发展的历程

一、西方翻译的发展历程

《旧约·创世纪》中说，上帝创造了人，又因人类作恶多端，故发大洪水淹灭。大洪水过后，人们由西向东迁徙，来到一处平原，于是停下来修建一座城和一座塔，塔顶要通天。上帝大惊，不悦，遂使人的口音变乱，彼此不通言语，无法进行交流，停止修塔，散居各地。这或许可以看作产生翻译的原始根源。

一般认为，西方翻译理论可分为五个时期，即古代时期、中世纪时期、文艺复兴时期、近代时期和现（当）代时期。西方翻译理论较之于中国翻译理论更加系统、全面，有较完整的体系和清晰的发展脉络。

（一）古代时期

西方古代第一部重要的译作是《圣经·旧约》的希腊语译本。公元前285年，72名知识渊博的希腊学者遵从埃及国王托勒密二世费拉德尔弗斯的旨意，聚集在亚历山大图书馆，为散居在各地的犹太人将用希伯来语写成的《圣经·旧约》译成希腊语。历时36年方得以完成，称为《七十子希腊文本》。公元4世纪末5世纪初，著名神学家哲罗姆（347—420）奉罗马教皇之命，成功地组织了《圣经》的拉丁文翻译，并将其命名为《通俗拉丁文本圣经》，该译本后来成为罗马天主教承认的唯一圣经文本。西方翻译理论发源于公元前1世纪。古罗马帝国政治家和演说家西塞罗发表了著名的《论演说术》。在这篇演说中他说："我认为，在翻译时，逐字翻译是不必要的，我所做的是保留原文的整体风格及其语言的力量。因为，我相信，像数硬币一样地向读者一个个地数词，不是我的责任，我的责任是按照他们的实际重量支付给读者。""按实际重量支付"即"保存原文的全部意义"。这段话首次谈到了直译和意译，明确提出反对逐字翻译。这个时期，翻译家们大都根据自己的翻译实践对翻译进行分析和论述，主要集中在直译还是意译这类问题上。奥古斯丁是与哲罗姆同时代的神学家、哲学家，对翻译理论有许多深刻的见解。他认为，翻译的基本单位是词；翻译有三种风格：朴素、典雅、庄严，其选用取决于读者的需求。他从亚里士多德的"符号"理论出发，认为忠实的翻译就是能用译入语的单词符号表达源语单词符号指示的含义，即译语词汇和源语词汇具有相同的"所指"。这套理论对后世有深远的影响。

(二) 中世纪时期

中世纪时期即西罗马帝国崩溃至文艺复兴时期。英国阿尔弗雷德国王（849—899）是一位学者型的君主，用古英语翻译了大量的拉丁语作品，常常采用意译法，甚至近于创作。11-12世纪，西班牙中部地区的托莱多形成了巨大的"翻译院"，主要内容是将阿拉伯语的希腊作品译成拉丁语，接续欧洲断裂的文化传统。中世纪末期出现了大规模的民族语翻译，促成了民族语的成熟。英国的乔叟翻译了波伊提乌的全部作品和薄伽丘的《菲洛斯特拉托》等，德国的维尔翻译了许多古罗马作品，俄国自基辅时期起翻译了不少希腊语和拉丁语作品，其著名的翻译家有莫诺马赫、雅罗斯拉夫等。翻译理论的代表人物有罗马神学家、政治家、哲学家和翻译家曼里乌·波伊提乌。他提出翻译要力求内容准确，而不要追求风格优雅的直译主张和译者应当放弃主观判断权的客观主义观点，这在当时产生了较大的影响。

(三) 文艺复兴时期

从14世纪至17世纪初，西方翻译进入繁荣时期，产生了许多具有代表性的翻译家和有影响的翻译理论。英国翻译题材广泛，历史、哲学、伦理学、文学、宗教学，无所不及。查普曼先后翻译了荷马史诗《伊利亚特》和《奥德赛》，成就卓越。他认为翻译既不能过于严格，亦不能过分自由。人文主义者廷代尔，以新教立场翻译《圣经》，面向大众，通俗易懂，又兼具学术性与文学性，取得了巨大的成功。然而，他的翻译触犯了当时的教会权威。1535年，教会以信奉宣扬异教的罪名将廷代尔处以火刑。荷兰德是英国16世纪最著名的翻译家，其翻译的题材多样，尤以历史翻译见长，著名作品有里维的《罗马史》、绥通纽斯的《十二恺撒传》等。法国的阿米欧于1559年翻译了《希腊、罗马名人比较列传》，内容忠实，文笔清新自然。他主张译者必须充分理解原文，译文要淳朴自然。语言学家、人文主义者多雷在其《论如何出色地翻译》中提出了翻译的基本准则：译者要完全理解翻译作品的内容；要通晓所译语言；语言形式要通俗；要避免逐字对译；要注重译文的语言效果。德国主要有路德的《圣经》翻译，遵循通俗、明了、大众化的原则，在官府公文的基础上吸收了方言精华，创造了本民族普遍接受的文学语言形式，为德国文化的发展做出了杰出贡献。路德认为，翻译必须采用平民化的语言；必须注重语法和意思的联系；必须遵循一些基本的原则。路德之所以能在翻译实践上取得成功，是和他的理念分不开的。德国另一位代表人物伊拉斯谟认为，翻译必须尊重原作；译者必须要有丰富的语文知识，必须保持原文的风格。

总体而言，这一时期对翻译的认识和讨论十分热烈，由此奠定了西方译学的理论基础。

（四）近代时期

从17世纪至第二次世界大战结束的近代时期是西方翻译的黄金时期。1611年，英国出版了《钦定本圣经》，译文质朴典雅，音律和谐，是一部罕见的翻译杰作。不久，谢尔登译出了塞万提斯的《堂吉诃德》。蒲伯于1715—1720年在查普曼的基础上重译了《伊利亚特》和《奥德赛》。莪默·伽亚谟的波斯语作品《鲁拜集》于1859年有了第一个英语译本，后几经修订，跻身英国翻译史上最优秀的译作之列。17世纪法国文坛盛行古典主义，因此翻译以古希腊、古罗马的文学作品为主；18世纪，法国向往古老神秘的中国，翻译了不少中国作品，元曲《赵氏孤儿》就是这个时期译介到法国的；19世纪以西方各国文学的翻译为特色，莎士比亚、歌德、但丁、拜伦、雪莱的许多作品都有了法语译本。这个时期的翻译理论较为全面、系统，具有普遍性。其代表人物有：英国的约翰·德莱顿、亚历山大·弗雷泽·泰特勒，法国的夏尔·巴托。德莱顿对翻译进行了较为系统、全面的研究，认为翻译是一门艺术，译者必须掌握原作的特征，服从原作的意思，翻译的作品要考虑读者的因素。同时还将翻译分为三大类：逐字译、意译和拟作。泰特勒在1790年撰写的《论翻译的原则》一书中提出著名的"翻译三原则"：①译作应完全复制出原作的思想；②译作的风格和手法应与原作保持一致；③译作的语言应具备原作的通顺。

进入19世纪，德国逐渐成为翻译理论研究的中心。代表人物有神学家、哲学家施莱尔马赫，文艺理论家和翻译家施雷格尔，语言学家洪堡特。翻译研究的重点集中在语言和思想方面，逐步形成了一定的研究方法和翻译术语，从而把翻译研究从某一具体篇章中抽象分离出来，上升为"阐释法"。这种方法由施莱尔马赫提出，施雷格尔和洪堡特加以发挥。施莱尔马赫在《论翻译的方法》一文中较为全面地论述了翻译的类型、方法、技巧，形成了比较系统的翻译理论，在19世纪产生了重大影响，至今仍具有一定的现实意义和作用。其主要内容包括以下几点：①翻译分为笔译和口译；②翻译分灵活的翻译和机械的翻译；③必须正确理解语言思维的辩证关系；④翻译有两条途径，一条是尽可能忠实于作者，另一条是尽可能忠实于读者。

洪堡特进一步认为，语言决定思想和文化，语言差距太大则相互之间不可翻译，可译性与不可译性是一种辩证关系。洪堡关于"可译性"与"不可译性"的论述在今天同样具有重要的借鉴意义。

(五) 现(当)代时期

众所周知，20世纪上半叶爆发了两次世界大战，翻译和翻译理论研究受到极大的破坏而驻足不前，其间几乎没有有影响的翻译和翻译理论研究。然而，第二次世界大战以后，翻译和翻译理论研究则在西方迅速恢复并很快进入一个繁荣时期。

西方现（当）代翻译理论时期指从第二次世界大战结束至今，这一时期在翻译范围、形式、规模和成果方面都是历史上任何时期都无法比拟的。翻译理论研究在深度和广度方面亦取得了突破性的进展。这一时期，由于受现代语言学和信息理论的影响，理论研究被纳入语言学范畴，带有较为明显的语言学色彩；同时，由于在理论研究中文艺派的异常活跃，又使翻译理论研究带有明显的人文特征。所以，翻译理论的研究大都走科学与人文相结合的道路。而且，翻译研究更加重视研究翻译过程中所有的重要因素，包括语言使用者的社会因素等，以及它们之间的相互关系和产生的相互影响，并以此解决翻译中的各种问题，使翻译这门学科具有较为成熟的学科特征。

现（当）代翻译理论时期涌现出一大批在翻译理论与实践方面成绩卓著的人物，并逐渐形成了流派。主要包括：布拉格学派、伦度派、美国结构派、交际理论派或语言学派、交际学派、美国翻译研究班学派、文学－文化学派、结构学派、社会符号学派。这些学派的研究使西方翻译理论逐渐形成体系，趋于成熟。

二、中国翻译发展历程

中国是一个具有几千年文明历史的古国。据文字记载，早在周代就有了翻译活动。夏商周时期，人们之间的通信十分频繁，许多不同的民族和部落居住在同一块疆域内是十分普遍的。据《左传》记载，仅在周朝领土上就有山戎、犬戎、白狄、赤狄、戎蛮子等十多个部族。这些不同的部族与居住在中原的华族在语言、饮食、风俗文化等方面有很大的不同。《左传·襄公十四年》记载，戎族酋长戎子驹支曰："我诸戎饮食衣服，不与华族同，贽币不通，言语不达。"华族要与诸多异族交往，就必须有翻译。在《周礼》《礼记》中均有对周朝翻译官职的记载。

《后汉书·南蛮传》记载了周代的口译："交趾之南有越裳国。周公居摄六年，制礼作乐，天下和平。越裳以三象重译而献白雉。"象，即翻译官，后专指翻译南方语言的翻译官。《礼·王制》中说："中国，夷、蛮、戎，五方之民，言语不通，嗜欲不同，达其志，通其欲，东方曰寄，南方曰象，西方曰狄鞮，北方曰译。"除

"译"之外,"寄""象""狄鞮"均为翻译官。

西汉人刘向在《说苑·善说》中记载了鄂君子晳请人翻译《越人歌》一事,是我国较早关于笔译的记录。《后汉书·南蛮西南夷列传》中记载有白狼王唐写的《慕代诗》三章,即《远夷乐德歌》《远夷慕德歌》和《远夷怀德歌》。《列传》不仅记载了这三首诗的作者、译者姓氏,而且保存了这三首诗的原文汉字记音。这是我国的诗歌翻译最早的文字记载。

从汉代起,由于在政治、军事上与北方交涉频繁,"译"逐渐成了总称。"翻"字也从东汉起使用。南北朝时期的佛经译著中已开始使用"翻译"二字。

中国历史上出现过四次翻译的重要时期。第一个时期是东汉至隋唐时期的佛经翻译,第二个时期是明末清初的自然科学翻译,第三个时期是近代的文学翻译,第四个时期是中华人民共和国成立后。这四个时期留下了丰富的译学思想和翻译资料,为现、当代翻译学奠定了基础。

(一) 第一个时期

人们对佛经翻译的起源观点不一,一般认为,西汉哀帝刘欣时期的《浮屠经》当为我国最早的佛经译本。大规模的佛经翻译则始于东汉恒帝建和二年(公元148年),译者有安息(即波斯)人安清与西域月氏人支娄迦谶(支谶)。安清,字世高,天资聪颖,笃信佛教,精于西域语言且通晓汉语,译有《大安般守意经》等35部经书,开后世禅学之源,被尊为中国译经的先驱。所译佛经"义理明晰,文字允正,辩而不华,质而不野,为翻译之首"(慧皎:《高僧传》)。支娄迦谶和他的弟子支亮及再传弟子支谦都博学多闻,以翻译佛经闻名于世,当时有"天下博知,不出三支"之说。支谦不仅译经多,而且对翻译理论有精深的研究。其所著《法句经序》是现存最早的翻译理论文章。文中提出了"文"与"质"两种对立的翻译观,并对质派观点作了细致的阐述。

中国第一位本土翻译大家及翻译理论家当推道安。道安(314—385),俗姓卫,常山扶柳(今属河北省)人。他组织翻译了经书14部187卷,共100万余字,还厘定了翻译文体。道安还创造性地总结了翻译规律,提出了著名的"五失本,三

第一章　翻译的发展与认识

不易"的翻译原则。"五失本"即认为前代译经有五种改变原梵文经书的表达方式的情况，"三不易"大体上说因为时间的推移造成习俗的改变、译者才智远不如原经的圣人作者、译者态度精力上的不足三个方面导致翻译很不容易。道安主张直译，他说，他所监译的经卷，要求"案本而传，不令有损言游字；时改倒句，余尽实录"。道安的翻译思想对后世影响巨大。

比道安稍晚的鸠摩罗什（350—409）从小熟悉梵文胡语，十几岁就通晓佛经，主持翻译的佛经达 400 多卷。主张"意译"，其译文不拘原文体制，变通达顺。但其意译并非没有节制，依然"务在达旨"，达到了很高的成就，"有天然西域之语趣"。鸠摩罗什倾向于"不可译论"。他说，改梵为秦，"有似嚼饭与人，非徒失味，乃令呕秽也。""嚼饭与人"的妙喻，即出于此。

隋文帝统一中国后，大举兴佛，开启了佛教发展的新高峰。玄奘（600—664年），通称"唐三藏""三藏法师"，俗姓陈，名炜，洛阳人，13 岁即落发为僧。于唐太宗贞观三年（629 年）冲破官府的重重阻挠，西去印度学佛求经。17 年间，刻苦学习梵语与西域语言，考察当地风土人情，对佛学研究更是不遗余力。贞观十九年（645 年）学成回国，带回梵文经书 657 部和大量佛物，受到热烈欢迎。随后立即在唐太宗的支持下建立译场，潜心翻译佛经，传布佛学要义。19 年共译经 75 部，1335 卷，占唐代新译佛经半数以上。同时还将《老子》《大乘起信论》等译成梵文，传入印度。他主持的译场有完备的组织，特别注重译文的检查和修改，即使现在来看也是十分科学的，因此成为后世译场的楷模。据后人研究，玄奘的翻译熟练地运用了补充法、省略法、变位法、分合法、译名假借法、代词还原法等技巧，但其本人对翻译理论却鲜有论述，目前能见到的只有记载于《大唐西域记》序言中的"五不翻"观点，即五种音译的情况。音译即不翻之翻。五种情况是：咒语之类的神秘语，多义词，中国无对应物的词语，通行已久的音译，以及为弘扬佛法需要的场合。尽管"五不翻"主张精到全面，但与玄奘在翻译实践上取得的成就相比，还是很不相称的。

玄奘以后，佛教活动逐渐走向平淡，以潜在方式成为中国文化深层结构的一部分，佛经翻译日趋衰落。北宋译经尚有余响，南宋以后则几近销声匿迹了。

(二) 第二个时期

从 16 世纪初叶起，葡萄牙、荷兰、西班牙、英国等欧洲资本主义国家的殖民主义者就开始相继对我国东南沿海进行海盗掠夺。与此同时，西方的耶稣会传教士也先后进入中国进行宗教活动，从 16 世纪末到 18 世纪持续近 200 年时间，这些传教士的使命就是向东方进行宗教扩张。在传教的同时，他们向中国人介绍了大量的自然科学知识。他们翻译了一些天文、数学、机械等自然科学著作，使中国人首次接触到西方科学技术知识，开阔了视野，增长了见识，并对中国以外的事物有了感性的认识。这一时期，意大利人利玛窦与我国近代科学的先驱徐光启合作翻译的《几何原本》前六卷最具代表性，影响最大。利玛窦，意大利传教士，学习过汉语，对中国文化有一定的认识和了解。他外表儒雅，会说中国话，熟知"四书""五经"，1583 年来中国后，很快为明清之际中西文化交流打开了新局面。徐光启，中国近代科学的先驱人物，杰出的爱国科学家和科学文化的领导者，是最早将翻译的范围从宗教、文学扩大到自然科学的翻译家。他认为，科技翻译就是吸取别国多年积累的科技成果，尽快地为我所用，以此壮大自身。利玛窦还与另一些近代科学的先驱人物如李之藻、杨廷筠、叶向高等人合作，翻译了一些有关天文、历算和其他自然科学的书籍。1857 年，英国人伟烈亚力与中国著名翻译家李善兰合作翻译了《几何原本》的后九卷，延续了几乎中断 200 年的科技翻译。据不完全统计，耶稣会传教士在华 200 年间，共翻译西书 437 种，其中宗教书籍 251 种，自然科学书籍 131 种，人文科学 55 种。这些科学书籍对于普及西方科学知识、促进中国自然科学的发展具有一定的积极作用。

(三) 第三个时期

第三个时期指鸦片战争至中华人民共和国成立这个时期。这一时期的一个显著特点就是翻译的主体发生了变化。第一个时期的翻译主体多是西域高僧，第二个时期是耶稣会传教士，第三个时期则是中国的知识分子，这一特点在甲午战争后更加明显。近代以来，不少仁人志士为了强国，加强了对西方科学技术的学习和研究。政府开办了不少外文学校，同时向国外派遣留学生。像京师同文馆内就

第一章 翻译的发展与认识

设有英文馆、法文馆、俄文馆，后增加德文馆，成为我国第一所培养外语人才的专门学院。而后又有上海方言馆和广东方言馆。此外，教会学校和新式学堂也设有外语专业和外语课程，培养了大批外语人才。同时，一大批留学美国、欧洲、日本等地的学生也成为这一时期翻译的主体。

这一时期的翻译，除个别是几个人合作，如典型代表人物林纾外，绝大部分的翻译均脱离了合作的方式而由个人独立完成。其中绝大部分作品是文学翻译作品。从近代翻译的历程看，首先是科学翻译，而后是社会科学翻译，最后是文学翻译。文学翻译虽来得较迟，却对我国的翻译产生了深远的影响。

鸦片战争失败后，中国的有识之士逐渐觉醒，主张学习西方的军事技术和机器制造。基于这种思想，这一时期他们翻译了大量的算学、测量、水陆兵法、天文学、化学、力学、文学、医学、汽车制造等方面的书。据统计，近代早期最大的翻译机构江南制造局译书馆所译163种著作中自然科学译书就占80%以上。

19世纪70年代，中国开始派遣留学生出国。1872年夏末，在陈兰彬带领下，第一批30名学生赴美国深造。这些人通过在国外的考察、学习，深感西方之强大，并非完全在于枪炮和科学的发达，还在于先进的社会制度和文化，于是着手翻译此类书籍。其中以严复为代表，他先后翻译了十多种西方资产阶级的哲学、经济学、社会学等著作，最有代表性的为八大社会科学名著，其中《天演论》影响极大。甲午战争后，文学翻译继续涌现。1899年，林纾与王寿昌合译《巴黎茶花女遗事》，开启了文学翻译的新纪元。20世纪初，文学翻译走向繁荣。纵观近代翻译史，最有代表性的翻译家仍然首推严复和林纾二人。严复在翻译《天演论》时提出"信、达、雅"的翻译标准备受后人推崇，至今仍对译学理论研究产生影响。林纾不懂外文，靠与口译者合作，翻译了160余种小说，成为我国近代翻译西方小说的第一人。

五四运动期间，文学翻译成为主流，基本上各文学社团和文学流派都有自己的译论主张和独树一帜的翻译家。文学研究会的茅盾、郑振铎从现实主义角度提出翻译为社会服务；创造社的郭沫若从浪漫主义的角度强调译者主观感情的投入；新月派的徐志摩、朱湘等在诗歌翻译上有突出贡献；由众多文艺流派整合而成的左联主张翻译为中国革命现实服务，注重唯物史观的文艺批评著作和苏联社会主义现实主义作品的翻译。其间最著名的翻译理论家当推鲁迅，他认为中国语言文字不足以表现深刻的思想和社会生活的新变化，提出"宁信而不顺"的直译策略，他还对翻译的宗旨、重译、复译、翻译批评等有过深入的论述。朱生豪翻译莎士比亚戏剧（以下简称莎剧）是该时期甚至整个中国翻译史上的大事。朱生豪（1912—1944）大学毕业后不久，出于对莎剧的热爱和强烈的爱国热情，开始翻译莎士比亚戏剧全集。在战火中忍受着饥饿、疾病的折磨，耗尽心力，10年间共译出莎剧31种半，在再译五种半即成全璧的情况下，终因重病含恨辞世。朱生豪精通英语，又有扎实的中国古典诗词功底，因此他译的莎剧质量极高，数十年来受到学界内外的好评。

（四）第四个时期

中华人民共和国成立后，翻译遵循党的文艺方针，强调为社会主义服务。从中华人民共和国成立到1966年的17年间，文学翻译以苏联等社会主义国家作品及亚非拉国家作品的译介为主。俄国古典文学、批判现实主义文学、苏联现当代文学的重要作家都有译介，甚至普希金、列夫·托尔斯泰、高尔基、奥斯特洛夫斯基、法捷耶夫等名家的作品几乎全部译出，翻译家有吕荧、刘辽逸、汝龙等。亚非拉文学翻译家有楼适夷、季羡林等。比较而言，出于意识形态的原因，欧美作品的翻译着力不多，但也并非一片空白。英国文学方面，卞之琳用诗体翻译了莎士比亚悲剧《哈姆雷特》，传达了莎剧的气势；张谷若翻译哈代的小说真实准确，晓畅通达；还有朱维之译弥尔顿的《复乐园》，查良铮译英国浪漫主义诗歌等，都取得了很高的成就。法国文学方面，傅雷翻译巴尔扎克的《人间喜剧》，赵少侯着重翻译莫里哀的喜剧，罗玉君翻译司汤达和乔治·桑的小说。德国文学翻译家有冯至、张威廉、钱春绮、傅惟慈等，基本上把具有世界影响力的德语作品都译介过来了。翻译事业于改革开放中迎来了自己的春天，大大拓宽了翻译的范围，提高了翻译的质量，规模之大、影响之广不亚于历史上任何一次翻译高潮。可以说，没有翻译，就没有新时期各个文化领域的大发展。

第四个时期的翻译理论也取得了重大进步。傅雷在1951年为《高老头》撰写的《重译本序》中说："以效果而论，翻译应当像临画一样，所求的不在形似而在神似。"这就是著名的"重神似不重形似"的翻译标准。钱钟书于1963年在《林纾的翻译》中提出"翻译的最高境界是化境"，从而将中国传统翻译理论推向了顶峰。改革开放后，中国翻译研究在继续发展，不过思考的资源与灵感大都来源于西方，与传统翻译理论相去甚远。

第二节 翻译的定义、要求及标准

一、翻译的定义

定义的特点是用简明的语言说明被定义对象的本质。定义的目的就是通过把被定义为对象的事物与其他事物区分开来，进行符合逻辑的思维活动，以免因为概念混淆而影响思维效果和行动结果。下面选一些翻译的定义进行讨论，以期对翻译的本质、翻译的标准、翻译的目的、翻译的策略和方法及对翻译的评价等问题有一个比较立体的认识。

翻译是一个熟悉而又复杂的问题。说它熟悉是因为自从语言产生以来，翻译就开始存在了；说它复杂是因为对"翻译"这一概念的界定多元而不统一。艾弗·理查兹曾经说过，翻译很可能是宇宙进化过程中产生的人类最复杂的一类活动。所以翻译的定义也仁者见仁，智者见智。学者们从不同视角对翻译进行界定，如语言视角、符号视角、文学视角、文化视角、信息视角、交际视角、原作视角、译作视角、读者接受视角等。

美国翻译理论家尤金·奈达在 *The Theory and practice of Translation* 中这样定义："Translating consists in producing in the receptor language the closest natural equivalent of the source language message, first in term of meaning and secondly in term of style." 翻译是实践行为，而实践行为是以目的为导向的。当翻译的目的是

尽量忠实于原文时，译文越忠实越好，但当尽量忠实于原文不是翻译目的时，则不会以译文是否十分忠实为评价译文的标准。因此，是否十分忠实于原文不能作为评价所有译文的标准。奈达的定义不仅忽略了翻译的生态环境对翻译行为的影响，还忽略了翻译是以目的为导向的实践行为，结果把某些翻译的标准等同于翻译本身，存在概念混淆的问题。

中国学者张培基认为，"翻译是运用一种语言把另一种语言所表达的思维内容准确而完整地重新表达出来的语言活动。"张先生的定义言简意赅，抓住了语际翻译的本质。但两个副词"准确"和"完整"扩大了语际翻译的内涵，因此限制了语际翻译的外延，使忠实于原文的程度区间问题变成了一个极端问题，存在以偏概全的问题。

中国学者许钧的定义是："翻译是以符号为转换手段，意义再生为任务的一项跨文化的交际活动。"这个定义表达相对简洁，也没有使用"语言"，而是使用了"符号"，使得翻译定义的内涵与外延更为匹配和严谨，既包括"符内翻译"也包括"符际翻译"。但在逻辑上存在一些问题。符内翻译未必总是跨文化。比方说，用同一语言换一种方式解释一个术语、短语等都属于翻译的范畴，但不是跨文化交际活动。因此，用一种类型的特点作为同一范畴中所有类型的典型特征，犯了概念与范畴混淆的层次错误。如果"符号"在此特指语言系统的话，意义再生确实是"跨文化"的，但问题是，是否存在不是跨文化活动的语言系统间的信息转换活动？跨文化是语言系统间信息转换活动的本质属性之一，不提出来也没有人能否认它的存在，但单单提出这一属性，有挂一漏万之嫌，而且把属性之一与本质并置也存在着层次混淆的问题。"交际活动"的表达犯了类似的错误。事实上，翻译还是脑力活动、体力活动等许多不同性质的活动。另外，难道有什么符号间的意义再生不是交际活动吗？最后不得不强调的是，"符号"在此定义中的使用不够严谨，毕竟"符号"和"语言系统"不是同一个概念，不可相互替代，否则会出现概念不清、概念和范畴混淆的问题。

范仲英认为，"翻译是把一种语言的信息用另一种语言表达出来，使译文读者能得到原作者所表达的思想，得到与原文读者大致相同的感受。"这个定义不

第一章 翻译的发展与认识

仅把翻译局限在语言之间,而且表达过于冗长,在强调作者思想时忽略了译者的主体性,同时把翻译行为的本质与众多的翻译行为结果并置,用翻译行为和翻译结果或效果两个不同的概念之间的关系界定翻译概念本身,存在概念、范畴、顺序等多方面的问题。此外,界定中出现的"译文"字样也有界定循环表达的嫌疑。

有的定义突出定义者倡导的理论视角,与其说是界定一个概念,还不如说是在凸显其理论的核心概念。如功能派翻译理论家诺德认为,"翻译是一种以原文本为基础的、有目的的、人与人之间的跨文化交际行为。"本定义凸显了翻译的目的和交际的特点。偏重于该理论的核心概念,语言表达也不够直接,没有提及语言或符号、信息转换等关键要素,只是用原文对其进行暗示却不提译文,需要读者进行一定的推理,缺乏简洁、直接、明了等"定义"必须具备的基本特征。

有的翻译定义突出了定义者的职业敏感度,带有强烈的学科色彩。如哲学家贺麟先生给翻译下的定义是:"翻译乃是译者(interpreter)与原本(text)之间的一种交往活动(communication),这种活动包含了理解、解读、领会、翻译等诸多环节,其客观化的结果即为译文(translation)。它是译者与原本之间交往活动的凝结和完成。"这个定义的突出特点是阐述了翻译涉及的与翻译相关的因素之间共时和历时的关系,带有明显的哲学色彩。其不足之处是表述过于冗长,与其说是对概念的界定,还不如说是对概念的解释。定义提及翻译的很多有机组成部分,但存在提及越多遗漏越多的问题,如翻译是"译者与原本之间的一种交往活动"。翻译主体何止译者与作者?出版商和读者等对翻译也有至关重要的影响。另有一个不足之处是用"译者"暗示两种语言,但译者与翻译有着千丝万缕的联系,用译者界定翻译有循环定义之嫌,因此并没有从根本上说明翻译的本质,只是将其暗含其中而已。

以上翻译概念是对翻译的狭义界定,但也有比较广义的翻译定义,不仅涉及翻译的行为,还涉及翻译的人和翻译行为的结果。汉语"翻译"在《现代汉语词典》中的定义为:

(1) 把一种语言文字的意义用另一种语言文字表达出来;把代表语言文字的

符号或数码用语言文字表达出来。

(2) 做翻译工作的人。

(3) 指翻译行为的结果。即译品或译作。汉语"翻译"有三个含义：符内翻译和符际翻译、译者、译作。符内翻译指的是语言符号内部的翻译，符际翻译指的是语言符号与其他符号之间的翻译。这个定义是以语言为中心的，只包括单向地把其他符号表达的意义用语言符号表达出来，但不包括把语言符号表达的意义用其他符号表达出来。

英语"翻译"的词是"translate"和"translation"，没有汉语中的"译者"含义。如 *Webster's Encyc lopedic Unabridged Dictionary of the English Language* 把"translation"定义为：①The rendering of something into another language. ②A version in a different language. ③Act or process of translation state of being translated. 英语定义前两个含义对应汉语的翻译行为和译作，第三个表示翻译的行为或过程和被翻译的状态，只是第三个含义的表达文中出现了"translation"和"being translated"，也有循环定义之嫌。

似乎可以将翻译的定义更为简明地表述为：翻译是将一种语言符号所表达的意义用另一种语言符号（也称语符）来表达（Translation is a transformation in one language of what is written or said in another language）。这个定义中有三个关键词：语言符号、意义、转换。语言符号是翻译的物质介质，意义是连接纽带，转换是行为方式。至于以上诸定义中涉及的信息、文化、交际活动则在此定义中没有提及，因为语符本身是能指和所指意义的结合体，是信息、文化的载体，语符的主要功用就是交际，语符本身已包含了这些信息，所以翻译实质上就是两种语符间的转换，而两种语符间的信息转换只是更加通俗易懂而已。

但是，随着翻译实践和翻译学的发展，人们对翻译的认识也有了质的变化。翻译的本质是不同形式体现的意义在不同形式之间的转换。能够体现意义的形式有很多，形式在这里完全可以用物质来替代。物质分实体物质和抽象物质，它们本身都是有意义的，因此它们都可以被冠以符号的名称，任何符号之间的意义转换都可以被称为翻译。如用语言描述行为，用肢体语言、图画、信号等其他符号

第一章 翻译的发展与认识

体现文字语言；即使是大脑中清晰或不清晰的思绪也是一种符号，它们都可以用语言描述出来。鉴于此，广义的翻译应该涵盖所有符号和符号系统，那么，翻译行为就是符号或符号系统之间的信息转换，而狭义的翻译才是语符间的信息转换。

翻译的定义有很多，现在只取一部分来讨论一下定义的特征和常见的翻译定义存在的问题。定义的主要目的之一是区分不同的概念。定义有以下特点。

第一，定义是对被定义概念的本质的描述，而非规范性地列举此本质的特征。

第二，概念具有唯一性的特点。如果不同的概念具有相同的本质，那就一定出现了概念和范畴混为一谈的层次错误。必须区分概念和其所属范畴，并对它们分别定义，凸显它们各自的本质，避免出现概念不同但内涵相同，相同概念的表征却存在本质差异的错误。

第三，定义的对象是概念，因此必须有十分抽象的特点。抽象则意味着笼统，而非具体量化，更不能看似面面俱到却多有遗漏。另外，定义抽象的属性也意味着语言表达应该简洁、逻辑性强，而非冗长、忽略其内在的逻辑性。定义是针对具体事物的抽象概念而言的。对概念的界定应该抓住被定义概念的本质，这是审美活动的中心问题，而对中心问题的认识则属于与中心问题相关的部分，它们是"在场的"和"不在场的"关系。对中心问题的认识是对它的深入挖掘。从不同的视角，用不同的认识方式，会挖掘出与中心问题相关的不同因素及它们之间的不同关系。被定义的概念是个体，而对一个概念的认识则必然会涉及其他概念，也必然会涉及范畴。对概念的认识是一个从个体到整体的全面的过程，涉及许多概念与范畴之间的关系。因此，在对概念进行界定时只需明示其本质即可。因为只要涉及对概念的认识，就必然涉及其他概念、范畴等。这种探究可以无穷无尽。在这个认识过程中，无论提及多少概念和范畴，都意味着有更多的概念和范畴被忽略。因此，把对概念的认识引入概念的界定，就会出现定义过长而阐述片面和本质不突出的问题。

因此，在界定概念时，应该区分本质与本质的表征，避免把概念、范畴、层次、范围、程度等杂糅在一起，同时要避免语义重复、语言表达繁简失当等问题。

二、翻译的要求

随着改革开放政策的日益深化，中外交流日益广泛，翻译工作也显得日益重要。那么，何谓翻译？翻译是把一种语言所包括的思想、所表达的内容以及所隐含的意义用另一种语言恰如其分地、妥善完整地重新表达出来。与此同时，还需克服时空、文化背景、宗教信仰等方面因差异带来的诸多困难。翻译要尊重原著，忠实于作者，贴切地展现其立意和首创性，以求一个"信"字；保持原著风格，体现不同作者、不同体裁的特性，以求一个"达"字；吃透原著，不断地对两种语言进行对比、切换，注意其异同性，提高自身的文化修养，以求一个"雅"字。

翻译是一种语言活动，其范围极其广泛，它涉及人们生活的方方面面，如引进外国的家用电器、医药食品、护肤化妆品等需要翻译其使用说明书；撰写论文时要摘译一些国外文献、书籍的部分篇章或段落；随着国际交往的日益增多，尤其是在加入世界贸易组织之后，经济交往日趋频繁，再加上科学技术的迅猛发展，对翻译的要求越来越高。它要求译者不仅要拥有扎实的外语基本功，还要拥有本国语的语言基础和丰富的文化知识。英国文人 Dr. Sanmel Johnson 说，"A translator must be a master of two languages. His mastery must not be of the same sort in both tongue, for his knowledge of the foreign language must be critical, while that of his own must be practical."意为：译者必须精通两门语言[是两门语言的大师（双关语）]，他所掌握的两门语言各不相同，他的语言知识必须严谨；他的本国语知识必须实用。译者的语言素养是翻译质量最基本的保证。鲁迅也说过，"我向来以为翻译比创作容易，因为至少无须构思；但到真的一译就会遇到难关，比如一个名词或动词写不出，创作的时候可以回避，翻译上却不成，也还得想，一直想到头昏眼花，好像在脑子里摸一把急于要想打开箱子的钥匙，却没有。"这句话明确地告诉译者，翻译的要求是完整地、不折不扣地再现原著的风采。

翻译是一种极其古老的人类活动形式，在人类历史上刚刚形成一些语言不同的集团时，就出现了"双语人"，帮助语言不同的群体之间进行交往。翻译从一开始就肩负了极其重要的社会功能，使人们的语言交往成为可能。其实说到翻译，

第一章　翻译的发展与认识

大概总离不开这十二个字：辩证论译、实践出艺、才学打底。不管当今的译论如何繁多、精彩纷呈、令人目不暇接，也不管今后的翻译如何发展、如何充满层出不穷的新术语，抑或引进多少令人炫目的新系统、新模式，都要始终坚持这十二个字，用它们来指导人们的翻译教学、实践与理论研究。

随着文字的产生，除了这些做口译的人外，又出现了笔译工作者，他们翻译各种官方的、宗教的和商业的文件。笔译的推广使人们能够广泛地了解其他民族的文化成果，使不同民族的文学和文化能够互相作用、互相丰富。翻译在许多民族语言和文学的形成和发展中也起了重要作用，某类作品的出现往往以翻译为先导。众所周知，翻译是一门矛盾或问题最多最复杂的学科，这是因为：①翻译范畴的不确定性；②翻译体裁的多样性；③翻译内容的广泛性；④翻译主体对客体理解的差异性；⑤翻译者时空位置的变化性；⑥译文读者口味要求的不同性等。

诸多变化不定的因素，决定了翻译是一门跨学科、跨文化的综合学科。

翻译作品介绍了新的语言形式和文学形式，培养了广大读者。西欧各国的语言和文学在很多方面应归功于古典作品的翻译，翻译在古代俄罗斯文学中占有重要地位，在亚美尼亚、格鲁吉亚，以及其他许多民族文学的形成过程中起了重要作用。它涉及哲学（翻译学的指导学科）、语言学、符号学（翻译学的两大主要基础学科）、心理学、文化学、文艺学、美学、社会学、人类学、系统论、信息论等（翻译学的重要基础学科）。翻译对东方的印度、中国，以及亚洲其他国家文化发展也具有重大贡献。

翻译是人类社会发展到一定阶段产生的一种必不可少的语言中介手段，它是一种社会现象，是一种语际交际，即把一种语言话语转换为另一种语言话语的行为。因此，翻译所提出的问题，所遇到的矛盾，往往是多领域、多方位、多层次的。这就是为什么有的学科可以列举出很多定理、公式，而翻译中的几乎每一个重大问题都存在争论、分歧，长期得不到解决，始终没有一个"放之四海而皆准"的"翻译模式"被世人普遍接受与认同。但并不是任何语际转换都是翻译。也就是说，翻译或语际转换必须严格控制在一定范围之内，超出这个范围，就不能称其为翻译了。既然是翻译，那么在译语话语替换原语话语时必须保留某种不变的东西，保留的程度决定译文和原文的等值程度，而翻译的目的是尽可能使不懂原文的读者了解原文的内容。翻译应当忠实而完整地用另外一种语言的手段传达原文语言手段表达的东西（内容）。在翻译途中，陷阱遍布：语言陷阱、文化陷阱、历史陷阱等；稍有不慎，就会身陷其中，出现译文有悖原文的错误。并且常常会遇到"剪不断，理还乱"的各种关系与矛盾。这些关系与矛盾表达得确切与完整是翻译同改写、转述或简述等的区别所在。但是，保持原文表达的内容只是相对而言，在语际转换中不可避免地会有所损失。译文绝不可能与原文百分之百地等值，只能争取尽可能地等值，争取把损失减少到最小。

译者应当客观地表现原文，选择忠实解释原文所必需的、相应的译文表达手段。大而言之有：科学性与艺术性、可译性与不可译性、主体与客体、忠实性与创造性、原作风格与译文风格、直译与意译、形似与神似、异化与归化、等值与超越、语言与文化等；尤其是在翻译文学作品时，需要用另外一种文化语言氛围替代原文，而且要发挥译者的再创作能力。小而言之有：如何再现原文风格之藏与露、曲与直、疏与密、淡与浓、文与质，再现原文句式或表达方式之急与缓、短与长、强与弱、行与歇、纵与横、点与面，以及翻译技巧之增与减、顺与逆、分与合、正与反、抽象与具体、主动与被动等。语言在翻译中的作用和它在社会生活中一向所起的作用一样，它也是人类交往的最重要手段。因此，在翻译中用另外一种语言表达原作的思想时，必须使译文翻译全面、明确、真实，必须使译文符合译语规范。对于翻译中的诸多矛盾，古今中外的译论均有论述，但由于论者所取的立场与角度不同，或所涉及的翻译客体性质有别，或所处的语言、文化环境及时空位置不一，更重要的是，由于论者所持的世界观、认识论不同，往往造成对同一个问题的看法不一致，乃至相互对立、各执一词而互不相让。原作的内容同原作语言的形式有直接联系。翻译中必须突破原文和译文的语言单位在表达方面，即形式上的不同，以求得它们在内容上的一致。

翻译过程必然要分为两个阶段。为了进行翻译，首先必须透彻地理解原作，然后进一步在译语中寻找相应的表达手段（词、词组、语法手段）。自觉工作的译者，在任何条件下，都不可能在选择语言手段时持无所谓的态度。翻译本身的任

第一章 翻译的发展与认识

务是客观地反映原作,它要求从正确诠释原作的角度选择相应的语言手段。国外的语言学派与文艺学派之争、国内的直译派与意译派之争,都是旷日持久、人人皆知的。要正确解决这些争论与矛盾,必须运用唯物辩证法。也就是说,要把翻译中所遇到的作者、译者、读者之间以及内容、形式、风格之间所引发出来的各种矛盾,看作对立与统一、作用与反作用、制约与反制约、互动与互补、相对稳定与不断发展的关系。翻译是一种言语活动,这就决定了在翻译过程中语言起决定性作用。但是在翻译过程中起作用的不仅仅是语言,还有超语言,它要表现在能够揭示多义的语言单位,包括词汇意义和语法意义。在翻译过程中,由于译语具有与原语不同的文化背景,因而,交际层次和话语层次都可能产生两种文化的差异和冲突。明确这一点对于全面理解翻译的实质是十分必要的,其中包括关于周围世界的知识和关于客观现实的知识。这些知识对于解释言语产物也起着很重要的作用,有时甚至起着比语言更大的作用。译界中的许多争论,很难说哪一方绝对正确,哪一方绝对错误,也很难说中西译论孰优孰劣;它们各有所长,亦各有所短;各有其真知灼见,亦各有其局限性。正确的态度应该是互相吸收、取长补短、彼此融合,即所谓"兼容并蓄""统筹兼顾",用一种相对的而非绝对的、唯物的而非唯心的、发展的而非凝固的观点,对具体问题进行具体分析。不论是中国的传统译论,还是引进的外国译论,也都要运用辩证法进行正确分析。除此之外,翻译的非语言方面还包括翻译意图,在这方面,帕斯捷尔纳克和莫罗佐夫翻译的《奥赛罗》的两个不同译本就很能说明问题。帕斯捷尔纳克的译本是供阅读和作为剧本使用的,它的对象是读者和观众,目的是使读者和观众产生一定的情感和美学感受;莫罗佐夫的译作则是供演员和导演使用的,其主要任务是将莎士比亚悲剧的思想内容最确切、最完整地传达给读者。不同的翻译意图形成了不同的译文,这样的事例并不鲜见。这也属于翻译的非语言方面。近几十年来,我国先后引进了泰特勒、奈达、费奥多罗夫、巴尔胡达罗夫、加切齐拉泽、纽马克、卡特福德、穆南等人的译论。关于翻译理论的定义,翻译理论界不同的人在不同的时期有不同的提法,其中具有代表性的有:

1953 年费奥多罗夫曾提出,翻译是用一种语言手段忠实全面地表达另一种语言手段表达的东西。

1954年巴尔胡达罗夫提出，翻译是将一种语言的言语产物（话语）在保持内容，即意义不变的情况下改变为另一种语言的言语产物的过程。从巴尔胡达罗夫的这一定义中可以清楚地看到一门新兴的语言学科——话语语言学对翻译理论的影响。

对于他们的这些译论，也要一分为二、辩证地去看。一方面，外国的某些译论以其系统性与科学性令我国译界眼前一亮，开拓了我国翻译理论研究者的视野，也确有不少启迪与借鉴作用；另一方面，它们究竟对我国的汉外互译实践起到了多大的指导作用，却有待研究。正是在这样的背景下，费奥多罗夫于1983年也修改了他为翻译所下的定义，提出：翻译是将一种语言（原语）的言语产物用另一种语言（译语）予以再现。

基于西方各国语言、文化比较接近而总结出来的某些规律、规则、模式、系统，究竟在多大程度上符合我国的汉外互译实践呢，1988年什维采尔在翻译的定义中增加了"文化"内容，他提出，翻译是单向的语际和文化交际过程。在此过程中，在对原话语进行有针对性（翻译）分析的基础上，创造另一种语言和文化介质中的次生话语以代替原话语。翻译的目的是传达原话语的交际效果，但因两种语言、两种文化、两种交际情景的不同，局部会有变化。谈到外国译论，有人乐于称道的是它们的"科学性"，说它们有着"坚实的学科基础"。言下之意是"中国的传统译论缺乏科学性"，全是些没有上升为理论的"经验之谈"，"登不得大雅之堂"，羞于同立于世界译论之林。殊不知，翻译的指导学科乃是哲学，要考察某种译论是否具有科学性，首先就得看它是否运用唯物辩证法的哲学观点来研究翻译，同时是否把对翻译问题的认识上升到哲学高度。

我们认为，首先应当把翻译的定义与对翻译质量的要求区别开来，这两者属于不同的范畴。"忠实""全面""等值"等是对翻译质量的要求，把它们纳入"翻译的定义"未必恰当。"我们的翻译哲学应是以辩证唯物主义与历史唯物主义为指针的认识与实践的哲学，是世界观与方法论相统一、唯物论与辩证论相统一、认识论与价值论相统一、决定论与选择论相统一的翻译哲学。"因为存在各式各样的翻译：有全译，有节译；有意译，有直译；有优质翻译，有劣质翻译等。初学翻译的人，其翻译质量未必都能"忠实""全面""等值"，但终归是翻译。其次，应当把"翻译的定义"与"翻译理论研究"的重点区别开来。说我国传统译论缺乏系统性尚可，因为至今的确难以找到几部囊括翻译中的所有问题、从各相关学科全面探讨翻译的系统著作；话语的翻译可以是翻译理论研究的重点，但翻译的对象并不仅限于话语。例如，双语词典词条中提供的是词、短语和例句，以及它们的译文，而不是、也不可能是话语和它的译文。但是说我国传统译论缺乏科学性，却绝不敢苟同，因为双语词典还可以称作翻译词典，而不是其他物体；研究专有名词的翻译问题，不一定都要通过话语；对音译和意译的选择也不一定都要通过话语来论证。因为，那些长期以来对汉外互译实践有着实际指导意义的传统译论，几乎都闪耀着唯物辩证法的哲学思想光辉，而这正是它们科学性的集中体现和经久不衰的魅力所在。总之，把翻译界定为话语的语际转换是片面的，把话语作为翻译理论研究的重点则是完全必要的。

三、翻译标准

（一）翻译标准的科学认识

翻译标准是翻译理论的核心，它既是指导翻译活动的原则，又是衡量翻译成果的尺度。古今中外，不少名流大家对翻译标准提出了自己的真知灼见，对翻译标准下的定义十分丰富，对翻译标准的论述非常广泛。然而，能集百家之言，为翻译确立一个折中的标准，或者确立一个放之四海而皆准的标准，可以说尚未真正建立。历史上有不少翻译名家提出的翻译标准在翻译史上产生过相当大的影响，但仍然不能一统天下，长盛不衰。随着历史的演变，社会的发展，尤其是不同文化交流的加深和共享，翻译的标准逐步成为一个动态的因子。一方面，这为翻译理论研究带来一定的困难，但另一方面，也带来了翻译理论研究的繁荣。

早在三国时期，支谦在翻译《法句经序》时就提出了翻译标准："当令易晓，勿失厥义"，意即翻译出来的东西一定要让人容易懂，而不要失掉原文固有的意义。他说，诸佛典皆在天竺。天竺言语，与汉异音。云其书为天书，语为天语。名物不同，传实不易。唯昔兰调、安侯、世高、都尉、弗调，译胡为汉，审得其体，斯以难继。后之传者，虽不能密，犹尚贵其实，粗得大趣。始者，维祇难出自天竺，以黄武三年，来适武昌。仆从受此五百偈本，请其同道竺将炎为译。将炎虽善天竺语，未备晓汉。其所传言，或得胡语，或以义出音，近于质直。仆初嫌其词不雅。维千氏难曰："佛言，依其义不用饰，取其法不以严。其传经者，当令易晓，勿失厥义，是则为善。"座中咸曰："老子称：'美言不信，信言不美。'仲尼亦云：'书不尽言，言不尽意。'明圣人意，深邃无极。今传胡义，实宜径达。"是以自偈受译人口，因循本旨，不加文饰。译所不解，则阙不传，故有脱失，多不出者。然此虽词朴而旨深，文约而义博。后来钱钟书先生做过考证，认为严复在翻译《天演论》时提出翻译之信、达、雅即由此而生。

汉唐时期，我国佛经翻译家鸠摩罗什和玄奘从大量的佛经翻译实践中积累了丰富的经验，提出了翻译标准，为后世的翻译标准研究提供了参考。鸠摩罗什处在当时的骈体文发展时期，要求文章讲究对仗，因此译文亦遵守此规则，十分讲究。他提出"依实出华"，什么样的种子开什么样的花。可以说鸠摩罗什首开意译之先河，强调翻译佛经时可根据具体情况有增有损。这和另一位佛经翻译家安世高提倡的直译形成对比。例如，有一句话安世高直译为"天见人，人见天"，鸠摩罗什的弟子就认为译文实在不美，应意译为"人天交接，两得相见"。玄奘则吸收直译意译之所长，在佛经翻译中将二者很好地结合起来，主张"既需求真，翠需喻俗"。也就是说，译文既要通俗易懂，人人明白，又要忠实于原文，万变不离其宗。玄奘在佛经翻译中运用直译意译手法可以说是炉火纯青，其译文流畅明白，鲜有晦涩而生误之词句，为佛经的传诵做出了卓越贡献。

新学时期，我国第一位用西洋语法研究中国古汉语语法的人名叫马建忠。此人撰写了我国第一部文言语法书《马氏文通》。他曾上书光绪，奏请建立翻译书院。其在奏章《拟设翻译书院议》中提出"善译"的翻译标准，基本意思有三层：第一，译文要适如其所译而止；第二，无毫发出入于其间；第三，使阅者所得之益与原文无异。也就是说，翻译时不能够随意发挥，译文一定要忠实于原文，尤其是要保持原文的思想和风格，以及体现的价值。

第一章 翻译的发展与认识

新文化运动的先驱鲁迅先生，极力主张采用直译的方法，提出"宁信而不顺"的原则，认为翻译必须兼顾两面，一要通俗易懂，二要保存原作的风格。

文学巨匠茅盾对翻译标准也有精彩的论述：与其失其神韵而保持形貌，不如保持其神韵而失其形貌。而与鲁迅同时代的著名作家和翻译家林语堂先生也提出，翻译应遵循"忠实的标准、美的标准"。

综观各家各派对翻译的标准，还是主要集中在直译和意译上。可以认为，标准的实质不仅要求译者忠实原文，而且要求译文符合通俗易懂的规范，只不过是因人而异，因事而异，各有侧重罢了。傅雷在谈及文学翻译时也认为，文学翻译的标准应当和艺术品的要求一致，不求形似，而求神似。他说："愚对译事看法实甚简单：重神似不重形似；译文必须为纯粹之中文，既无生硬拗口之病，又须能朗朗上口，求音节和谐。"而钱钟书先生干脆用一个"化"字为文学翻译确立了一个翻译标准的境界："把作品从一国文字转变成另一国文字，既能不因语文习惯的差异而露出生硬牵强的痕迹，又能完全保存原有的风味，那就算得入于'化境'。"他强调译文应与原文一样，既传递原文思想，保留其风格，又出神入化，不见雕琢，自然隽永。关于在翻译时如何做，傅雷先生又说："我们在翻译的时候，通常是胆子太小，迁就原文字面、原文句法的时候太多。"他主张"要精读熟读原文，把原文的意义、神韵全部抓住了，才能放大胆子。"举个例子：《傲慢与偏见》第四章里先是提到伊丽莎白对彬格莱家姐妹没多大好感，但接下去话锋一转："They were in fact very fine ladies; not deficient in good humour when they were pleased, nor in the power of being agreeable when they chose it, but proud and conceited."这段话如果直译，可以译作："事实上，她们都是非常好的小姐；在她们高兴的时候，不是不会谈笑风生；在她们愿意的时候，也不是不会待人和颜悦色；不过她们傲慢自大。"

《傲慢与偏见》的译者王科一先生的译文是："事实上，他们都是些非常好的小姐；她们并不是不会谈笑风生，问题是要碰到她们高兴的时候；她们也不是不会待人和颜悦色，问题在于她们是否乐意这样做；可惜的是，她们一味骄傲自大。"王先生的翻译遵循的就是傅雷先生的原则。从这个例子，我们可以理解"神"和

"化"的含义。

翻译终归是不同文字的转换，正如古希腊哲学家赫拉克利特所说，"人不能两次踏入同一条河流。"对于两种文字及其文化的理解和掌握，亦不可能用等号连接起来。即使是同一文化背景下的人，对于语言文化的接收和理解也存在差异。所以，近年来，有人提出翻译的"最佳近似度"标准，认为翻译的目标是达到最佳近似度。人们曾在一个课题中探究过产生语言差异的根本原因，以及语言学习之所以有规律可循的核心原因，提出了"语言意识趋近"的观点：一方面，语言意识趋近，不等于语言意识同化，从认知角度理解，它体现出一种积极性，从终极目的上看，它解释了在语言活动中人们的完美追求；另一方面，外来意识的东西是可以通过一定的手段接收和处理的。及至翻译，解释了在原作和译作之间出现的差异，使翻译的可接受程度有合情合理的理论支撑。

翻译的标准虽然因人而异，始终处于动态的发展，但是，语言核心的共同性使翻译必定有一定的规律可循，翻译的标准会有相对的普遍性和稳定性。历史上，不少翻译家为翻译所确立的标准在一定时期、一定阶段或一定的历史背景下产生了广泛的影响，并为我国翻译事业的发展和繁荣做出了贡献。

(二) 严复的"信、达、雅"及其评判

严复的翻译及其翻译标准，对中国的翻译产生了深远的影响，在中国翻译史上具有里程碑的意义。

严复（1854—1921），初名传初，易名宗光，字又陵，后又更名复，字几道，晚号愈壁老人，福建侯官（今福州）人，是近代著名的启蒙思想家，是我国近代第一个系统介绍西方学术名著的翻译家。他出生于中医世家，十几岁时入福州船政学堂学习，接触西文和科学，开阔了视野和胸怀。23岁被派往英国留学，不仅博学数理化科学知识，且对西方的政治体制十分感兴趣，对西学有很深的了解和研究。1879年学成归国，被聘为船政学堂教员，时年仅26岁。其后被李鸿章调至天津，担任北洋水师学堂总教习。当时，严复无论在西学还是中学方面都具有极高的造诣，堪称一流。然而，由于所受的教育，他始终想通过走科举的道路来

第一章　翻译的发展与认识

施展自己的才能。在1885—1893年8年间，严复参加了四次乡试均未中第。连续的失败使他看到科举制度的腐败，同时也深感走科举之路是行不通了。于是，便专心于时务，积极宣传西学。

1895年，甲午战争中国战败，对严复刺激很大，使他下定决心致力于翻译，以开启民智。他在北京开办"俄文馆"，参与创办"通艺学堂"，为维新运动培养人才。

1896年，严复所译赫胥黎的《天演论》(*Evolution and Ethics*)正式出版，轰动一时，在当时的学术界、思想界产生极大的反响。书中宣扬的"物竞天择，适者生存"的思想，成为中国进步知识分子与封建顽固派斗争的思想武器。同时，使中国知识界在思想认识和意识形态上获得了一次极大的新的飞跃。吴汝纶、康有为，包括鲁迅等名人对《天演论》给予了很高的评价。鲁迅说他自己是"一有空闲，就照例地吃侉饼、花生米、辣椒，看《天演论》"，从中接受进化论的思想。在其后的十几年间，严复的翻译事业达到了顶峰，先后翻译出版了一系列的学术名著，诸如斯宾塞的《群学肆言》、亚当·斯密的《原富》、甄克思的《社会通诠》、约翰·穆勒的《穆勒名学》《群己权界论》、耶方斯的《名学浅说》和孟德斯鸠的《法意》等，产生了极大的影响。严复的这些学术名著不仅在当时的学术界、思想界为人们带来一股清新的打开西方社会大门的微风，开阔了人们的视野，散播了西学和西方社会的思想，同时，他的译作文笔优美，遣词古雅，还被人们视为翻译之典范，奉为译作经典来传诵。从严复所译学术名著，不难看出严复的爱国之心和强国之理想。甲午战争的失败让严复看到偌大一个中国的软弱，从心底想激发国人自强不息和争胜的思想。尤其是早年在英国看到西方工业之强盛，更激发了他传播西学、启迪民众之心。严复一生翻译学术著作170多万字，写有按语17万字，其中流露出"与天争胜""自强保种""人定胜天"的思想，可以说已成为国人自强不息的启蒙思想。严复晚年思想保守，"五四"时期又极力反对白话文运动，于1921年10月27日卒于福州。

严复在《天演论·译例言》中说，译事三难：信、达、雅。求其信，已大难矣。顾信矣，不达，虽译，犹不译也，则达尚焉……译文取明深义，故词句之间，时有所颠倒附益，不斤斤于字比句次，而意义则不倍本文。假令仿此（西文句法）为译，则恐必不可通，而删削取径，又恐意义有漏。此在译者将全文神理融会于心，则下笔抒词，自善互备。至原文词理本深，难于共喻，则当前后引衬，以显其意。凡此经营，皆以为达，为达即所以为信也。易曰："修辞立诚。"子曰："辞达而已。"又曰："言之无文，行之不远。"三者乃文章正轨，亦即为译事楷模。故信，达而外，求其尔雅……严复"信、达、雅"的翻译标准的提出，可以肯定地说，来自严复对翻译实践经验的总结和提炼。《英汉大词典》的编撰者陆谷孙说过，如果一个人没有百万字的翻译实践就免谈翻译理论。作为一流的学者，严复不仅是一位翻译家，也是一位翻译理论家。其"信、达、雅"从作品的思想、语言和风格方面，准确地为翻译确立了实践的标准。这一标准的确立，为后来的翻译理论研究和翻译实践产生了巨大影响，备受推崇，至今仍然指导着我国的翻译实践。严复认为，翻译之境界在于"信、达、雅"的统一。"信"，即忠实于原著；"达"，就是译文通顺畅达，这两者为翻译的基本要求。除此之外，译文尚需追求"雅"。关于"雅"的解释，严复引用《论语》的"言之无文，行之不远"来表达，当指文采。严复不少译著采用意译，过于追求"古雅"，致使不少后来人因"雅"而对严复的"信、达、雅"产生歧义。就连鲁迅先生也说，严复的译文"桐城气息十足，连字的平仄也都留心，摇头晃脑地读起来，真是音调铿锵，使人不自觉其头晕"。

其实，严复在"译事三难"中引用《易经》的"修辞立诚"、《论语》中的"辞达而已"和"言之无文，行之不远"，说明此三者乃"文章正轨""译事楷模"，缺一不可。著名学者黄源深教授曾应邀到西南科技大学外国语学院讲学，对于译者有没有自己的风格，他的回答是肯定的。作为一流的学者和翻译家，严复的译著不可能不留下自己的鲜明风格。一方面，他从小饱读四书五经，身体里流淌着中华民族五千年灿烂文化的血液；另一方面，他在英国钻研西学，受工业文明的影响，心中涌动着西方文明的思潮。他的翻译，既要传播学术思想启蒙国人，又必然带有他学者的风范和那个时代文化的烙印。他的译文古雅雕琢，文言文味十足，显示出其充分的古文功底。试看《天演论》开篇这段文字的翻译：

赫胥黎独处一室之中，在英伦之南，背山而面野。槛外诸境，历历如在几下。

第一章　翻译的发展与认识

乃悬想二千年前,当罗马大将恺彻未到时,此间有何景物。计惟有天造草昧,人功未施,其借征人境者,不过几处荒坟,散见坡陀起伏间。而灌木丛林,蒙茸山麓,未经删治如今者,则无疑也。怒生之草,交加之藤,势如争长相雄,各据一杯壤土,夏与畏日争,冬与严霜争,四时之内,飘风怒吹,或西发西洋,或东起北海,旁午交扇,无时而息。上有鸟兽之践啄,下有蚁蝝之啮伤,憔悴孤虚,旋生旋灭,菀枯顷刻,莫可究详。是离离者亦各尽天能,以自存种族而已。数亩之内,战事炽然,强者后亡,弱者先绝,年年岁岁,偏有留遗,未知始自何年,更不知止于何代。苟人事不施于其间,则莽莽榛榛,长此互相吞并,混逐蔓延而已,而诘之者谁耶!

就翻译标准而论,严复的翻译标准可以说达到了一个无人能及的境地。无论是对"信、达、雅"推崇备至的人,还是其反对者,"信、达、雅"产生的影响都是极其深远的。18世纪英国著名翻译家泰特勒提出的翻译三原则和严复的翻译标准如出一辙:①译文应完全复写出原文的思想;②译文的格调应与原文的性质相同;③译文应与原文同样畅达。

林语堂在《论翻译》中有这样一段话:"翻译的标准问题大概包括三个方面。我们可依三方面的次序讨论它。第一是忠实标准,第二是通顺标准,第三是美的标准。这翻译的三重标准,与严氏的'译事三难'大体上是正相比符的。"郭沫若在《谈文学翻译工作》中也说:"严复对翻译工作有很多贡献,他曾经主张翻译要具备信、达、雅三个条件。我认为他这种主张是很重要的,也是很完备的。"周煦良先生在《翻译三论》中指出:"信、达、雅"标准的好处在于它既不空洞,又不重叠,就像多、快、好、省一样,去一不可,添一不可,然而在指导实践、检查实践成果上却是雅的文体来翻译,他还能翻译成什么样?何况当时在语言的价值观上主张用白话的人和不主张用白话的人都认为:语言分为雅文(文言文)和俗语(白话文)两种,雅文是真正的文学语言,是可以登大雅之堂的"美文",俗语则是写给普通老百姓看的。学术界普遍有"雅俗"之分。胡适在《五十年来中国之文学》中说:"严复用古文译书,正如前清官僚戴着红顶子演说,很能抬高译书的身价,故能使当时的古文大家认为'锲锲与晚周诸子相上下'。"我们只要用发展的眼光来看待"信、达、雅",就依然可以感受到严复对翻译的指导意义。

对"信、达、雅"的推崇,并非阳春白雪,曲高和寡。彭卓吾在《翻译理论与实践》一书中谈道:"信、达、雅"的精华就在于这三个词用词精当,选词准确,简洁明了,言简意赅,具有准确性、鲜明性和生动性;精华之处还在于这三个词主次得当,请看,在这三者之中,信最重要,它是基础,所以放在第一位,其次是达,再其次是雅,主次分明,轻重有序。他把信、达、雅的实质描绘得非常准确。

一百多年来,严复的"信、达、雅"翻译标准在中国翻译实践和理论建设上产生了重大影响,不少人因此投石问路,在此基础上建树颇丰,为中国翻译事业的发展奠定了坚实的基础。

(三) 翻译标准的概括

翻译理论研究的一个焦点问题就是要寻求一个最佳的翻译标准,作为翻译实践的指针。在中国翻译史上,关于标准的讨论和争论从未停止过,为什么会这样呢?一方面,翻译是一种语言活动,是用一种语言传递另一种语言的思想活动,既然是活动,就一定要有规则,有规则,就必然有好坏、层次之分;另一方面,语言是思想的载体,思想的丰富性和差异性又带来语言的复杂性,使语言的表达风格各异,自然难以有统一的标准。但是,事实上,在翻译实践中人们又确实遵循一定的语言游戏规则来实现不同语言之间文化信息的传递,这种规则就是一种标准,它为人们处理翻译过程中出现的各种问题提供了可依靠的法则。

翻译标准是一个复杂的体系,不能简单地用几个词语来高度概括,它不仅涉及原作所产生的时代背景、社会习俗、宗教等因素,涉及原作者的文化修养、性格、写作特点、风格、人品;同时,还与译者的文化背景、价值取向、语言能力等密切相关。不仅如此,在翻译过程中还有许多难以意料的影响因素,还要受到时间的检验。对于翻译,不一定非要寻求一个标准,而可以遵循一些原则,或曰规律;不一定非要强调对译品认识的统一性,而可以更加放眼于译品的可接受性,

第一章　翻译的发展与认识

或曰合理性。正如有人撰文指出，既然有一个标准，那么就一定有最好的标准（最高标准）和一般的标准（最低标准），那么介于最好和一般之间又是什么标准呢？如果最好的标准用 100%来衡量，一般标准用 60%来衡量，那是不是就有 70%的标准，或 80%的标准，或 90%的标准，甚至 91%、92%的标准？其实，人们之所以要努力寻找一个标准，其原因还在于单向性或定向性的思维方法。人们习惯于形式逻辑推理，习惯于认为一件事物不是甲就是乙，习惯于任何问题答案只有一个。对"天下一致而百虑，同归而殊途"的古训，往往只做片面的理解，只看重"一致""同归"，对"百虑""殊途"则斥为异端。例如，在比较分析东西方文化差异时人们常常习惯以这样的对应来比较：静止与运动、和平与斗争、平均与非平均、直觉思维与逻辑思维、模糊与精确、整体与个体、性善与性恶、人治与法治等。这种高度概括的比较方法，一方面确实是比较研究的依赖基础，但另一方面往往又无法认识到个体的独特性和差异性。正如在价值观方面，东方人并不一定都是群体取向，西方人也未必都以个人为中心。所以说，以定向性的思维为出发点来寻找标准是我国难以寻找到一条绝对实用的标准的原因。

毫无疑问，翻译不会有绝对实用的标准。那么，有没有一般的标准呢？教育部批准实施的《高等学校英语专业英语教学大纲》对四级的翻译要求是：能独立完成课程中的各种翻译练习，要求译文忠实于原文，表达流畅。对八级的翻译要求是：能运用翻译的理论和技巧，将英美报刊上的文章以及文学原著译成汉语，或将我国报刊、杂志上的文章和一般文学作品译成英语，速度为每小时 250~300 个英文单词。译文要求忠实原意，语言流畅。能担任一般外事活动的口译。

可以肯定地说，"忠实""流畅"是检验英语专业学生翻译能力的一个标准。这个标准要求学生的译品既要较好地传递出原著的思想内容，又要用符合汉语语言规范的句法译得通顺。一直以来，翻译界都将"忠实""流畅"作为翻译的基本准则或基本要求。过去，不少人有"忠实""通顺"的提法。在忠实和通顺之外，还要做到译文的语体与原作一致，即体现出原作的风格来。

翻译家杨绛先生依照难度、甜度的说法创造了"翻译度"。翻译度大而有信则达，亦不失为人们依照的一条准则。《名利场》中有这样一个句子，说一个死者是：

"Who is a good Christian, a good parent, child, wife or husband."

翻译家杨绛先生将一个"good"译得绚丽多彩:"……虔诚的教徒,慈爱的父母,孝顺的女儿,贤良的妻子,尽职的丈夫。"

当然,这个"度"是多是少,是过还是不及,可以用"化"来衡量。同样是这段话,荣如德先生在其新译(书名改译为《花花世界》)里,是这样翻译的:"死者果真是个虔诚的基督徒,一位好父亲,好母亲,好女儿,好妻子或好丈夫。"

荣先生的译文平实无华,也是把握了一个"度"。

根据著者对翻译的探索和实践,对翻译的一般标准有如下认识:所谓翻译标准,就是在通过一定的语言活动传递不同文化信息的过程中需要遵循的规则。这些规则使人们能够追求并努力保持译品和原著在内容、形式和风格上的完美趋近。

当然,翻译标准也非这段文字就能评判的。实践是检验真理的唯一标准。翻译标准不单存在于翻译家、翻译理论家、评论家手中,更存在于广大读者心中。翻译作品,只有经得起时间的检验,才能够成为上乘的佳品,才能够成为文化传播和交流中的绎典而永不衰朽。

第三节 翻译的实质及翻译者的基本素质

一、翻译的实质

翻译究竟是什么?这是从事翻译的人一直想弄清楚的问题。在中外翻译史上,许多人从翻译实践和翻译理论研究出发,为翻译下了这样一些定义。

前国际译联主席、保加利亚女学者安娜·利洛娃教授在《普通翻译理论概要》一书中认为,作为一种过程,翻译是一种口头的或笔头的活动,目的在于把一种话语用另一种语言再现出来,并且保持原话的内容基本不变。就翻译的结果而言,译作是原文的类似物。

美国语言学家和翻译理论家奈达在《翻译的科学探索》一书中认为,翻译是指

第一章 翻译的发展与认识

在译语中用最切近而又自然的对等语再现原语的信息,首先是意义,其次是文体。

英国翻译理论学家彼得·纽马克说:"What is translation? Often, though not by any means always, it is rendering the meaning of a text into another language in the way that the author intended the text."(*A Textbook of Translation*)在另外一本书中,他说:"Translation is a craft consisting in the attempt to replace a written message and/or statement in one language by the same message and/or statement in another language."(*Approaches To Translation*)

英国著名语言学家、翻译理论家卡特福德说:"Translation may be defined as blows: the replacement of textual material in one language(SL)by equivalent material in another language(TL)."

苏联语言学家巴尔胡达罗夫认为,翻译是把一种语言的言语产物在保持内容方面,也就是意义不变的情况下改变为另一种语言的言语产物的过程。

张培基在《英汉翻译教程》一书中认为,翻译是运用一种语言把另一种语言所表达的思维内容准确而完整地重新表达出来的语言活动。

钟述孔在《英汉翻译手册》中认为,Translation, essentially, is the faithful representation, in one language, of what is written or said in another language.

古今明在《英汉翻译基础》一书中指出,翻译是把一种语言所表达的思维内容用另一种语言表达出来的语言活动。

杨莉黎在《英汉互译教程》中认为,广义的翻译指语言与语言、语言变体与语言变体、语言与非语言等的代码转换和基本信息的传达。狭义的翻译是一种语言活动,是把一种语言表达的内容忠实地用另一种语言表达出来。

杨自俭认为,翻译是译者的一种特殊而复杂的思维活动过程。

王寅认为,翻译是一种认知活动,是以现实体验为背景的认知主体所参与的多重互动为认知基础的,译者在透彻理解源语言语篇所表达的各类意义的基础上,尽量将其在目标语言中映射转述出来,在译文中应着力勾画出作者所欲描写的现实世界和认知世界。

郭著章和李庆生在《英汉互译实用教程》中认为,翻译是一种艺术,一种双语艺术。严格地说翻译也是一门科学。

李运兴在《英汉语篇翻译》一书中给翻译下的定义是：翻译就是用译语语篇传达原语语篇的信息，以实现原语语篇及译者的交际目的。

陈宏薇在《汉英翻译基础》中认为，翻译是跨语言、跨文化的交际活动。翻译是科学，翻译是艺术，翻译是技能。

冯庆华在《实用翻译教程》一书中认为，翻译是许多语言活动中的一种，它是用一种语言形式把另一种语言形式里的内容重新表现出来的语言实践活动。翻译是一门艺术，是语言艺术的再创作。

叶子南在《高级英汉翻译理论与实践》中给翻译下的定义是：把原文中的意思在译文中表达出来。

就中外学者给翻译下的定义来看，有这样一些共同的东西：其一，翻译是一种语言活动；其二，翻译的目的是传递信息，进行交流；其三，信息（思维代码）不能失真，传递过程是一种艺术。根据笔者对翻译的研究和翻译实践的经验总结认为，翻译是通过一种语言活动实现两种文字之间所传递的文化信息的有效交流。翻译的目的就是促进各国不同文化的传播和交流；翻译的过程，要遵循文化信息传播和交流的有效途径的目的，要为人们所广泛接受和认同。

二、英语翻译者的基本素质

翻译既要忠实又要通顺，绝非易事，译者不具备一定的业务素质，是很难胜任的。那么，翻译人员究竟应该具备哪些业务素质呢？

（一）译者要打下扎实的英语基础

一个译者翻译水平的高低，要取决于他对原作的阅读理解力。为了切实提高英语阅读理解力，必须抓好三个环节：一是要掌握足够的英语词汇，缺乏足够的词汇量是很难做好翻译工作的；二是要掌握系统的英语语法知识，确保理解在语法层面不出错误，或者少出错误；三是应该大量阅读英语原著，不断丰富自己的语言知识，提高自己的语言感悟力。

（二）译者要打下扎实的汉语基础

特别是要下功夫提高自己的汉语表达能力。一般说来，一个译者汉语水平的高低，是决定他译文质量的第二大要素。不过，翻译对汉语的要求不同于对英语的要求，后者重在阅读理解，前者重在写作表达。所以，凡是想在英译汉上有所作为的人，必须通过大量阅读汉语原著，通过经常性的汉语写作训练，学会熟练驾驭和自如运用汉语。译者的译语水平主要体现为表达原作的特定内容和特定形式时的灵活变通能力，避免译出生硬牵强的"英语式汉语"。

（三）译者要有广阔的知识面

翻译是传播文化知识的媒介，因而译者的知识结构应该是越丰富越好。译者要掌握一定的专门知识，如翻译科技著作的译者必须掌握相关的科技知识，翻译社科文章的译者必须懂得相关的社科知识，翻译文学作品的译者必须具有一定的文学素养。此外，译者还需要全面了解欧美各国的历史、地理、政治、经济、军事、外交、科学技术、风俗习惯、宗教信仰、民族心理、文化传统等方面的"百科知识"，要通晓译者自己国家的"百科知识"，这样才能在翻译中信手拈来，而不会张冠李戴。

（四）译者要掌握合理的翻译策略

一个翻译者可以不去过问翻译理论，但他绝不会没有自己的翻译策略。译者即使不去自觉地探讨翻译原理，其经历、学识、性格、审美观等也会在无形中帮他形成自己的翻译策略。对于初学者来说，应尽力避走偏激的道路，而应选择"适中"的翻译策略，通过不断的实践，熟练掌握翻译的规律、方法和技巧。

（五）译者要养成认真负责、谦虚谨慎的学风

翻译是一项非常复杂、非常仔细的工作，需要译者付出艰巨的劳动。凡是有志于翻译工作的人，必须对这项工作倾注极大的热情，甚至要有一种情有独钟的精神，养成呕心沥血、一丝不苟的作风，绝不允许有丝毫的懈怠和马虎。与此同时，还要虚心向翻译高手学习，吸取他们的经验和技巧，不断提高自己的翻译水平。

第四节　我国高校英语翻译教学现状及存在的问题

一、大学英语翻译教学存在的问题

(一) 大学英语翻译教学地位薄弱

我国大学英语翻译教学在整个大学英语教学中处于弱势地位，许多学生从未系统地学习翻译理论和技巧方面的知识，其后果是翻译实践中问题频出，也造成了很多语言障碍。从指导思想上说，大学英语教学大纲更为注重对学生阅读能力的培养，而对学生翻译能力的培养并没有足够的重视，翻译的地位被忽视，处于一种令人尴尬的境地。从课程设置上说，翻译教学在整个英语教学中并不是主体，而只是一种补充。教育部制定的《大学英语课程教学要求》规定基础阶段四个学期的英语课均为必修课。而像英语写作、翻译理论与实践、英语口译等课程均为选修课，安排在四个学期的基础英语课程后开设。尽管如此，由于许多高校的硬件及软件设施不完善，在基础阶段后，很难开出面向所有学生的能够提高学生应用能力的选修课。即便开设选修课，也只是起点缀门面的作用。一些学校的语言多媒体设施很陈旧，无法满足正常的语言教学需要。除此以外，一些学校近年来不断扩大招生规模，使师资力量的短缺问题更加突出。非英语专业的教学大多是大班教学，有的一个班近两百人，这样的课堂怎能进行语言教学？

(二) 对翻译和翻译教学的错误认识

一直以来，人们对翻译存在着认识误区。一个是包括一些教师和学生在内的不少人认为，只要掌握必要的词汇和一定的听说读写技能，翻译就是自然而然的一种技能。在这种错误认识的引导下，教师很容易忽视翻译教学的重要性，认为没有必要专门开设翻译课程；同时学生也不重视翻译的学习。另一个认识误区则是，部分教师混淆了"翻译教学"和"教学翻译"的概念。按照目前普遍接受的

第一章 翻译的发展与认识

观点，翻译教学是翻译理论、技巧、能力的教授和培养；而教学翻译则是外语教学的实施手段之一，是为了掌握某一语言知识的操练方式。不少大学英语教师有意或者无意地用"教学翻译"替换"翻译教学"的概念，认为翻译教学只不过是语言练习的手段之一，是可有可无的，没有必要进行系统全面的翻译教学，从而使得大学英语翻译教学处在边缘化的位置。

(三) 大学英语翻译教学的课程设置与课时比例不合理

当前大学英语作为高等学校的公共必修课，经过多次教学改革，听力、口语、精读、泛读等课型已得到了相应的重视，在课堂教学/课时中已经占有了一定比例。然而，作为语言学习"听说读写译"等技能中的翻译却未得到相应的重视，许多学校仅把大学英语翻译作为一门公共选修课开设，学时比例很少；不少学校连选修课都没有开设；大多数学校只是把大学英语翻译教学穿插在大学英语其他课程中，仅仅作为语言操练的一种手段。课程设置和课时比例的不合理导致了教师和学生对大学英语翻译教学的冷淡和忽视，反过来这又影响了大学英语翻译教学的质量，阻碍了大学英语翻译教学的发展。

(四) 教学观念保守，教学模式滞后

目前，很多大学英语教师的教学观念保守，教学模式滞后。很多教师在大学英语翻译的课堂教学中主要以教师为中心。常见的做法是，教师给学生布置翻译练习，然后批改作业，指出其中存在的问题和错误，提供参考译文。在教学过程中完全脱离真正的交际语境，所使用的翻译练习材料也很陈旧，使翻译教学完全成为教师—学生的单向式知识传播而非技能训练。学生知道自己翻译得不好，也知道标准答案，可是下次遇到类似的情况还是不会翻译，不能举一反三。在大学英语翻译教学过程中，有相当一部分教师教学观念保守。这些教师认为，翻译主要应借助英语词典，因此要求学生在课堂上每人手里准备一本词典，在做翻译练习时可随时查阅词典。但是，随着互联网的发展以及科技的进步，学生完全可以借助互联网和计算机辅助翻译工具，词典早已不再是学生进行翻译的唯一工具了。在现代化的日常办公环境中，人们更加依赖互联网和计算机辅助翻译工具进行翻

译工作。然而，目前还有很多教师在翻译教学中不提倡学生使用这些现代化的翻译工具，甚至反对学生使用它们，更不会向学生讲解如何使用了。

(五) 学生学习态度和方法方面的问题

在大学英语教学中，翻译在五大基本技能方面仍是"被动学习"的模式，学生对翻译的态度漫不经心，认为作用不大，在平时的课程学习中，学生将大量的精力和时间放在了听说及读写上。而对翻译的重视程度远远不够，大多数学生通过语言学习文化的意识较为淡薄，母语表达能力不强，翻译水平及综合应用能力低下，很多学生的英语学习仍停留在应试状态，而在平时的练习当中仅将翻译作为巩固所学语言知识的手段，忽略了语言背后的文化背景，不能真正理解语言所要传递的含义。绝大部分学生大学两年的英语学习中对诸如词类转换、分句翻译、增词法、省略法等常识性翻译理论知识知之甚少，有的学生甚至连直译和意译的概念都不清楚，翻译出来的文字经常文理不通、词不达意。此外，学生在英语学习中依赖性太强，缺乏自主学习创新的精神，对于老师布置的句子和段落翻译练习，要么生拼硬凑、死译、直译，要么在教辅书上草草核对一下答案就结束，不进行仔细的推敲和揣摩。

(六) 翻译的理论知识传授得不够

理论是实践的指导者，翻译需要良好的翻译理论作为基础保障，也只有具备较深的翻译理论基础，翻译才可能会有声有色，但是学校却忽略了对学生传授翻译的理论知识，进而导致教师很少给学生讲授翻译理论和翻译技巧，只是教学生"直译法"，所以就算学生拥有较大的词汇量和大量的语法知识，翻译出来的结果仍然非常生硬，没有情感。目前。很多人都把外文翻译作为一种社会现象，认为翻译是一种跨文化的活动，也是国际之间的一种交际手段，这拓宽了翻译的边界，无形之中增加了翻译的对象。有学者指出，翻译理论与实践的脱节是当前翻译存在的严重问题，而对于正在求知的大学生来说这一问题尤为突出，他们常常把翻译理论和实践混为一谈，不能分清两者之间的关系，或者不能找到翻译理论和实践的切合点，所以在需要进行翻译时，他们显得手足无措。

(七) 实践活动不足及考试方式不科学

只有课堂上的理论教学是远远不能达到教学要求的，英语教学作为语言的教学，相应的考试及实践活动对英语翻译教学来说意义重大。但目前，大部分高校学生的英语学习仍停留在应试状态，主要表现为一味追求成绩，忽视对实际能力的考察，而且目前普遍运用于各个高校的测试手段较为陈旧单一，缺乏对翻译教育特殊情况的针对性。另外，相关实践活动开展得太少，学生基本上只处于理论性的纸上谈兵阶段，在课堂上也只能进行少量有限的实践，而没有机会进行更多实际的交流活动，很难学以致用、实践并提高自己的英语翻译能力。

此外，各级各类考试翻译测试所占比重不大，测试目的不明确，缺乏针对性。近年来，无论大学英语四级、六级考试，英语专业四级、八级考试，还是全国硕士、博士研究生入学考试，各级各类英语考试中主观题的比重均有所增加。尽管英汉翻译试题在主观题中占了一定的比重，但从整体来看，所占比重并不大，而且试题题型缺乏变化，试题测试点主要还是局限于某些词汇、短语、句型的运用，起不到考查学生翻译能力的作用，难以有效地与相应的教学接轨；同时，也在某种程度上助长了应试教育的风气，使一些学校的教师把重点放在追求通过率和应对考试上，客观上降低了对学生实用英语能力的要求，其结果就像有的学生所说，学了那么多单词和语法，但是不会用、听不懂、说不出。

(八) 大学英语翻译教学的师资力量薄弱

近年来，高校翻译教学师资队伍壮大了不少，水平也有明显的提高。然而，虽然目前翻译教师的年龄和职称结构较之十年前以及大学英语教师总体来说已经逐渐趋于合理，但是多数翻译教师还是缺乏严格的职业训练和学术训练。不少大学英语教师的教学所长以及研究方向都跟翻译无甚关联，缺乏相关的翻译理论知识和翻译实践经验，较之专业的翻译教师，大学英语教师无法深入、系统地介绍和讲解相关的翻译理论知识，包括译史、译论、翻译技巧等方面知识的阐释，不能正确有效地引导与培养学生的英语翻译能力。不过，这并不排除一些客观因素的影响，如今大学英语面临课时逐渐递减的局面，这一现状挑战着大学英语的教学方法与教学目标，学校过分注重学生的阅读与视听说能力，而忽视了对其翻译能力的培养，因此大学英语教师对于改变翻译教学现状心有余而力不足。

二、英语翻译教学问题的解决对策

我国当前大学英语翻译教学中暴露出来的种种问题，值得我们每位英语教师深思，因为翻译教育的失误导致学生翻译能力的缺失，解决这个问题已经刻不容缓。以下就从学校和教师两个层面提出几点应对策略。

（一）学校层面的举措

1. 改革现有的大学英语课程设置，重视翻译教学

一方面，大学英语教学历经数次改革，改革效果显著；另一方面，现今的大学生经过初高中阶段的英语强化训练水平也不断提高。如果大学英语教学一味地继承以往填鸭式的词汇、语法层面的教学，学生会丧失学习英语的兴趣。戴炜栋曾分析说，"这种'内容重复引起的学习自满'、懈怠和学习兴趣的下降，动力不足在大学里相当普遍。"所以，有学者多次呼吁改革现有的课程设置。改革目前的大学英语课程设置是真正落实重视翻译教学的重要一步。他如果能够压缩大学英语基础课程，把4个学期的大学英语基础必修课程压缩到3个或更少一些，那就使得翻译这些应用型课程得到了落实，无论是师资、课时、还是学生手中的学分都得到保证。国内现在有不少重点大学已经开始了这方面的改革探索。例如罗立胜介绍清华大学把单一模式改为三种模式。25%最好的学生实行 1+3 模式（一个学期的基础英语课程加三个学期的英语选修课程），50%的学生采取 2+2 模式（两个学期的基础英语课程加两个学期的英语选修课程），剩下 25%的学生仍然实行目前的1-4级单一基础英语教学模式。

2. 根据学校类型和特色，充分利用现有资源建立不同翻译教学模式

每所高校都有其历史和传统，这决定着它们的办学特色和方向，如理工利一高校除了大学英语教学外，一般都还有利一技英语、专门用途英语教学，财经类

高校则相应地开设经贸英语等课程。实践证明,哪个学校所开设英语课程和所办专业结合越紧密,其毕业生就越受到市场欢迎,尽管现在的高校都朝着综合性方向发展,其依然保存着传统的办学精髓。我们可以充分利用现有的资源,根据学校和学生的发展需要,建立其不同翻译教学模式。过去的翻译教学模式,即翻译教学的目的=英语水平+翻译技巧也要进一步更新和完善。

另外,学校层面需要做的事情很多,如加强大学英语翻译教学师资队伍培训力度,选派教师到兄弟院校访问学习等。

(二)教师层面的举措

教师是在大学英语翻译教学中起关键性的作用的要素。教师作用能否充分发挥,直接影响到翻译教学效果如何。针对以上谈到的当今大学英语翻译教学现状和存在的问题,教师应该着手于以下几个方面的工作。

1. 加强翻译理论传授

这里所说的加强翻译理论传授并非指向学生讲授诸如后殖民论、女性主义等深奥的形而上的翻译理论,而是那些实用性的翻译理论,如功能目的论、文本类型理论等,并对其核心观点进行概括性的总结、点评,阐述其特色与不足,培养学生树立正确的翻译理论观。翻译理论的传授重在把握好度,够用即可。虽然大学英语(翻译)教学不要求掌握深奥的翻译理论,但是对翻译理论流派与特点稍微了解一点,能对翻译实践起到解释和预测性作用。要使学习者知其然又知其所以然,必须强化实务教学的理论指导作用,使翻译实务教学摆脱从经验到经验的错误路子。

2. 加强翻译技巧的对比性传授

在翻译中,翻译技巧是从翻译实践中总结出来的具有普遍适应性的指导规则。学生掌握一定的翻译技巧能大大提高翻译速度与质量。然而,现在的翻译技巧不仅多得令人眼花缭乱,而且有时还不一定能明辨异同。

有许多的翻译技巧是相对出现的,如直译与意译、归化与异化、神似与形似等。采取对比性传授，可以更形象也更容易地向学生阐述不同技巧或术语的异同，便于学生接受。比如在讲授直译与意译时，还可以联系到"死译""胡译"或"乱译"，并列举一些经典译例进行赏析和点评。故而，应加强对翻译技巧的对比性传授。

3. 加强对一些翻译现象的讲评

纵观中西翻译发展史，我们发现有很多值得玩味的翻译现象。如中国有严复翻译现象、林译现象，这些现象都是在特定的历史时期出现的。教师可以通过讲述这些知识时，串联一些翻译史知识，从而讲授得活灵活现，增强学生对学习翻译的兴趣。又如，现在许多翻译资料，尤其是应用文体的翻译，非常流行"变译"。"变译"是根据读者的特定需求而采取的一种特定的翻译方式，包括增、减、编、述、缩、并、改等变通手段。教师可以通过一些实例对学生讲解变译的原理、策略和具体方法。

4. 适当增加翻译实践在翻译教学中的比重

由于翻译课时有限，要讲授的内容相对较多，留给学生课堂练习的实践极为有限。然而，由于翻译与实践紧密相连，本质上是实践性的，这种在岸上教授游泳的做法是不可取的。诚如叶子南先生所言，"翻译中并没有多少可以衣钵相传的锦囊妙计，需要的是译者本身对翻译这一跨语言活动的深刻领悟。翻译教学与其说应着重传授几套'拳术'，不如说应该培养这种对英汉语言文化异同的洞见与顿悟。"只有亲自进行一些翻译实践，才能对讲授的理论方法与技巧有所领悟，才会更好地吸收，达到举一反三的效果。

5. 加大英汉对比内容的讲授

英汉语属于不同的语言文化系统，在思维方式、价值取向、审美情趣等方面都有巨大差异，如我们提倡"天人合一，物我交融"，强调和谐、对称，推崇"心领神会""求全、求满"，而西方崇尚"物我分离""个人主义"，认为整体相对个体而存在。体现在语言上，就有了汉语的阴柔之美、意境之美，是一种"人化"

的语言；而英语的逻辑性、理性和语法规则则凸现了阳刚之美和结构严谨、语言明快简洁的特点，是一种"法治"的语言。只有了解了英汉语之间的差异，才会领会到翻译过程中适当的调整处理的必要性，才能"让学生了解英汉两种语言的内在差异（而不仅仅是形式差异）以及产生这些差异的文化历史原因"，那么，在翻译实践中，"他们就会不但知其然，而且知其所以然，自觉地培养译语意识、遵循译语表达习惯、排除原语干扰，选用译语中最优化的表现方式，传递原语信文，提高译文质量"。实际上，在教学过程中，发现学生在口语、写作和翻译时，母语负迁移特征表现得极为明显，构成了其对英语学习的一道屏障。

第二章 英语翻译的理论基础

　　学习翻译理论，不仅可以提高学生的理论素养，而且可以帮助学生认识翻译活动的基本规律，更快、更有效地提高翻译实践的能力，达到事半功倍的效果。学习和掌握一定的翻译理论知识是必要的，只有把翻译理论适当地应用到翻译教学中，才可以帮助教师认识翻译的本质和规律，从而有的放矢地开展翻译教学，切实提高翻译质量。如果翻译教学失去了理论的支持，就失去了开展翻译的基础，从而无法科学地培养学生的翻译技能，无法为学生提供更好的翻译策略的指导，更谈不上进一步发展学生的翻译意识了。这样的翻译教学只能是感性的经验上的行为，往往带有强烈的个人经验主义的片面性。因此在翻译教学中教授基本的翻译理论、揭示翻译学的规律至关重要。

第一节 错误分析理论与功能对等理论

一、错误分析理论

　　错误分析即对学生在学习外语的过程中所犯的错误进行全面系统的分析，以探索和研究所犯语言错误的性质和产生原因，进而防止或减少语言错误的发生。外语教学的改进与提高依赖于对学习过程的了解，而错误分析理论正是通过分析学生所出现的言语错误揭示学习过程中的一些带规律性的东西，并从理论上进行阐述。因此可以说，错误分析理论的建立是大学英语翻译教学的一大发展。

（一）错误分析理论概述

　　在错误分析理论倡导者科德（S. P. Corder）的《论学生错误的重要性》中，首次阐述并形成了错误分析理论，在目的语中所形成的错误反映了学生对目的语知识的习得还未完全掌握或不全面。由此可以看出，借由错误分析理论来指导外语教学是一大发展与贡献，可以通过对目的语错误的分析来探索语言学生语言错误的某些规律并进行总结，在此基础上将其上升至理论高度并对其错误的规律性问题统一进行阐述。学生的错误可以为研究人员提供语言习得方法的证据，同时也可以使教师了解学生的学习现状，分析产生错误的原因，有助于人们分析和解决外语学习过程中出现的一些现象与问题，以及研究和了解语言学习的进程。同时，在翻译教学中如果能够通过错误分析理论对学生翻译中的错误进行分析，即可了解其在学习过程中的欠缺和困难，有助于轻重有序地组织教学。对于学生，通过分析错误，可以对其所学的语言规则进行假设性质验证。在国内，也涌现出一批著名的语言学家，对错误分析理论不断进行探索性研究。通过国内外语言学家不断的探索与努力，形成了一系列的错误分析理论，这使得人们在语言学习中改变了对错误本身的认识，不再一味地避免、畏惧错误的产生，同时，认识到可以通过摸索错误本身的内在规律而将其作为语言学习自身和语言习得过程的内在导向。通过大量的研究探索，这一理论必将成为第二语言习得（Second Language Acquisition，SLA）研究中具有积极意义的重要部分。综上所述，错误分析理论具有重大的意义及贡献。它使得错误的本质得到了重新认识，使其演变成为学生语言学习过程中的某种内在导向。语言错误的产生恰恰反映了学生所学的语言正处于积极进步的阶段，不断地进行错误分析是语言学习者或习得者在其学习过程中的一个不可避免的过程。

(二) 大学英语翻译教学中错误分析理论的应用

1. 资料收集及基本步骤

首先，进行错误语料的收集，此阶段的语料主要是第二语言学生在口语和书面表达中所犯的一些典型错误案例。然后对错误进行分类，可以将收集到的错误按定性或定量的标准进行分类，确定其类别，之后可对典型错误进行识别或判断，判断的标准可依据是否符合目的语的表达习惯来划定。接下来分析错误产生的原因，使其真正成为语言学习中的内在向导，最后根据错误的严重程度对错误进行评价和分析，最终使其成为教学中的科学依据，从而能够有针对性地制定积极有效的课堂教学策略和规则。

2. 将错误分析理论运用于大外英语教学的实例分析

首先收集错误的语料信息，我们对来自某高校非英语专业大二学生的翻译作业以及测试信息进行了收集。对 120 名学生的错误进行归纳分析，选取了典型的错误语料，在错误分析中主要从以下三个层次来进行，即语法层次（grammar errors，包含大小写错误、拼写错误、时态错误、标点错误、动词或名词的数错和语态错误等）、表达层次（expression errors，搭配错误、不合目的语逻辑和惯用法错误、自创新词、意思含混不清等）和篇章层次（textual errors，整篇逻辑条理不清和无关联性）。

例如，让学生完成以下翻译题目。

(1) 相比而言，我们更关心工作效率和产品开发。

(2) 我母亲总是告诉我，从长远来看就会发现我没有放弃练习钢琴是多么明智。

(3) 人们经常认为男人比较坚强，但实际情况往往相反。

(4) 他被判了 5 年有期徒刑，但在监狱里待了两年就被释放了。

(5) 几乎周围所有的土地都专属于几个富有的农场主。

在非英语专业二年级 120 名学生中选取出具有代表性的译文。

(1) Contrastly, we are more concerned about work efficiency and product development.

(2) My mother always tell me in the long term, you'll find that I have to practice the piano is a wise.

(3) People always think men are stronger than woman, but the reality is opposite.

(4) He was judged 5 years punishment, but stayed 2 years in the prison to released.

(5) All round lands in the area belong to several rich farmers.

首先，从 grammar errors 层面来看。句（2）中的第三人称单数使用错误及句（4）中的被动语态使用错误都属于这一层次，这一层次的错误多数是由于学生的疏忽或是最基础的语法掌握不扎实所造成的。而从学生的译文中发现，汉译英中学生常常在被动语态上出错，这也与英汉语言的差异有关，而学生更多地受母语影响而出现错误。

其次，从 expression errors 层面来看。一是另创新词。句（1）中 contrastly，根据 contrast 误以为 contrastly 是其副词形式，原因是词汇量少，弄不清时自己生造。二是惯用法错误、搭配错误。句（4）中"判刑"译为"be judged"及"punishment"，错误的原因是不熟悉英文中的习惯表达及惯用语，按照自己的中文思维模式来任意搭配。三是表达不清、不合英文习惯。如句（5）中的"All round lands"，其原因为对文化背景的差异不了解，直接套用中文模式。

再次，从 textual errors 层面来看。上下文语义不连贯，篇章结构不清，句（2）没有应用"it is…that"这一句型结构，整句就是按照中式的思维模式及汉语习惯生硬地翻译成英文，造成语篇上的错误，句（3）的后半句、句（4）及句（5）都犯了类似错误。

经过对所有学生的错误进行统计可以看出，语际干扰对外语学生的干扰很大，所占比例高达82%。而语内干扰的错误率并不高，其比例为18%，对于这一类错误，只要学生能够认真对待并翻阅资料，一般能自行改正。而对于语际干扰所产生的错误，单凭学生自身无法认识到并积极改正，所以教师在上课过程中对文化背景及跨文化知识的讲解就显得尤为重要。只有鼓励学生多了解不同的背景知识，才能使其在翻译过程中考虑到汉英语言各自习惯表达之间的差异，才能减少此类错误，这需要通过大量的汉英翻译练习及教师的逐步引导，帮助学生逐步建立语感，使其意识到英语是一种逻辑性很强的语言，英语句子中各种成分之间的关系十分明确。

（三）错误分析法对大学英语翻译教学的作用及启示

1. 加强理论对实践的指导作用，了解英汉语言差异

作为大学英语教师，想要提高学生在翻译过程中驾驭全篇的能力，避免在翻译中屡屡出错，就要有语篇意识并洞悉词在不同场合的搭配用法、感情色彩的差异，不能仅停留在词的字面意义上。从学生的典型错误中不难看出，学生的薄弱环节是容易在用词、语态、惯用法时态、表达方面出错。比如将"他被判了5年

有期徒刑"译成 He was judged 5 years punishment。由于对英汉语言差异缺乏一定的了解，没有应用"it is…that"这一句型结构。

目前，一方面，由于大学英语的课时有限，教师不可能专门花费大量的时间去传授翻译技巧，而且在所有大学英语的教材中，每单元都只是在课后有10句左右的英汉互译练习，并没有专门的课程及教材介绍不同的文化背景知识、翻译技巧；另一方面，学生根本不了解翻译的基本原则，又何谈合理运用，所以教师必须为学生补充足够优秀的译文范例，让学生通过欣赏范文来感受诸如直译、意译、同化异化法等不同的翻译方法。

2. 在课堂教学中传授翻译技巧，同时培养学生的独立思考能力

在课堂教学中，教师应通过大量优秀译文的灌输逐步让学生自己体会英汉思维方式和表达习惯的差异。学生遇到困难时，教师不设标准答案，让学生尽可能多地独立思考，写出有自己想法的多种翻译答案，尽可能让学生多实践。在课堂上，教师还应该列举一些英汉翻译的名篇名句，让学生经常背诵这些名句，慢慢积累，逐步养成英语思维的习惯，之后可以对这些名篇进行深入的分析和解读，让学生切实体会英汉思维方式的不同，并逐步培养用目的语思维的能力。在对翻译实践训练的过程中，教师首先要冲破障碍，运用错误分析理论去切实培养和提高学生的翻译能力。当然，游刃有余的翻译需要学生双语表达的深层次能力，如果不能达到一定要求，学生就会对原文不甚理解，译文不符合表达习惯，翻译技巧综合运用能力缺乏，等等。因此，非英语专业翻译教学的重点是首先培养和提高学生的语言能力、双语能力，之后再进行翻译理论技巧的训练，启发学生自己找到解决问题的方法。

由于翻译涉及源语和目的语之间的转换，自然离不开英汉两种语言，因此，还要格外注重学生双语基本功的培养。首先要求对汉语源语能够正确把握其结构及深层含义，同时要有扎实的英语语法知识和足够的词汇量，还要求有良好的中英文修辞方面的知识和技能。目前，学生源语言的基本功普遍不扎实，对于源语言本身就不能很好地把握与剖析，又缺乏翻译中的基本技能。所以，在大外的英语教学尤其是翻译教学中，要重视对学生综合语言技能的培养，首先需要大量的语言语料的输入,只有通过语言信息的大量刺激输入,学生才能初步建立起目的语的思维模式,才能逐步建立起对目的语所谓的"语感",才能提升语言应用的技能并将已形成的思维模式输出,并体现在外在的翻译等手段当中。教师应分析学生对目的语的输出错误并寻求其规律,有针对性地制定教学计划并运用恰当的教学方法。

二、功能对等理论

奈达在界定什么是翻译时说:"翻译是在接受语(receptor language)中寻找和源语(source language)信息尽可能接近的自然的对等话语,首先是意义上的对等。其次是风格上的对等。"在翻译时为了不受或少受限制,奈达认为,应该首先抓住原文的意义和精髓,即强调意义上的对等是第一位的;不应拘泥于原文的语言结构,即结构上的对等是第二位的。在评判翻译作品是否优秀时,奈达指出,一部优秀的翻译作品应丝毫看不出翻译的痕迹,因为译入语风格与其原语风格一致对等。

(一)奈达的功能对等理论

尤金·奈达(Eugene A. Nida)1914年出生在美国的俄克拉荷马州,是当代著名的语言学家、翻译家和翻译理论家。他一生的主要学术活动都围绕《圣经》的翻译展开。在翻译《圣经》的过程中,奈达借助于现代语言学的研究成果,深刻思考在翻译理论研究和实践中遇到的问题,提出了一套自己的翻译理论,最终成为翻译研究的经典理论之一,而他本人则被誉为"西方现代翻译理论之父"。

"功能对等"是奈达翻译理论的核心概念。所谓"功能对等",就是说翻译时要在两种语言间达成功能上如语义、风格和文体等各方面的对等,不是文字表面意义的死板对应。翻译的作品既要传达出词汇的表层信息,也要能反映出其背后隐含的文化深层信息。由于原语和译语文化背景差异巨大,在翻译时形式很可能掩藏源语的文化意义并阻碍文化交流。要想使所翻译的作品读起来清晰、通顺、易懂,并在译语读者群中产生与原语读者群一样的效果,就必须打破原文的语言结构,改变原文的形式,采用译入语的表达习惯与表达方式。这样才能实现真正的对等:词汇对等、句法对等、篇章对等以及文体对等。

奈达的理论贡献主要在于他以一种新姿态对待不同的语言和文化：任何能用一种语言表达的东西都能够用另一种语言来表达；在不同的语言之间、文化之间能通过寻找对等语，以适当方式重组原文形式和语义结构来进行交流。这些观点非常有助于增进人类相互之间的语言交流和了解。

为了追求等效，奈达的功能对等理论将翻译过程分为三个步骤，即分析、转换与重构。也就是在翻译之前需要对原文进行分析，以正确地认识和把握原文，在转换的过程中创造性地运用另一种语言进行重构，最终准确无误地再现原文。以奈达的功能对等理论来指导大学学生进行翻译活动，学生就会尝试按照以上的步骤科学地、合理地进行翻译，避免采用以前习惯了的逐字转换的生硬做法，从而使译文符合译入语的词法、语法与句法。例如：把"让我看看"译为 let me see see，"人山人海"译为 people mountain people sea，"我很难完成这项任务"译为 I am difficult to finish the task，等等，令人啼笑皆非。

与此同时，以奈达的功能对等翻译理论来指导大学教师开展翻译教学，也为教师提供了一个全新的视角：在翻译教学过程中，不再拘泥于原文的词法、句法和语法；翻译的练习不再只是为词汇、语法服务的辅助练习；对翻译作品的评讲不再像选择题、判断题那样只给出一个固定答案，而是通过相应的指导，鼓励学生对参考译文进行探讨和完善，在比较中逐步提高学生们的英语翻译水平。这不仅有助于提高教师自身的教学能力，还有助于帮助教师形成一个正确的翻译教学观。

（二）在大学英语教学中融入功能对等理论

1. 词汇层面对等

无论英语还是汉语，词汇是构成语句的最基本单位，而语句又进一步组成段落，因此要达到语义对等，首先应从词汇对等开始。

例1：

做作业 do homework

做饭 cook a meal

做衣服 make clothes

第二章 英语翻译的理论基础

做梦 have a dream

在汉语的词汇中一个同样的"做"字，翻译成英语时却用了不同的词汇。如果学生在做翻译练习时不对源语言进行分析，没有弄清楚汉语的真正语义就匆忙转换，那么出错就不可避免。因此翻译时首先要弄清汉语原文的具体含义，然后才能转换为相应的英语动词。

例 2：

浓茶 strong tea

浓汤 rich soup

浓雾 thick fog

浓烟 dense smoke

汉语中的"浓"不能一概用 thick 来表达，因为英语中对于"茶""汤""烟"有其对应的形容词来修饰。

例 3：

have a cup of coffee 喝杯咖啡

have a meal 吃饭

have a cigarette 抽烟

have a mccting 开会

have one's hair cut 理发

have a talk 谈话

虽然汉语中的动词远远多于英语中的动词，但是英语中有语义各异的"万用动词" have 和 make。

因此，为了把相同的概念表述清楚，在翻译过程中要将英语中相同的动词和汉语中不同的动词进行对应的转换。汉语作为表意文字，词义丰富且组合灵活多变。而英语是表音文字，在演变过程中采纳了大量的拉丁语和古法语的词汇，形成了现在极其庞大的英语词汇量。因此，掌握庞大的英语词汇和汉语词汇是开展翻译活动的前提条件。此外，译者需具有语用意识。翻译的过程是一个寻求准确的词义对等的过程，所以无论源语多么复杂和富含文化内涵，译者都要能够结合源语词的具体情境，将其转换为自然贴切的目标语词。

2. 短语层面对等

多个不同的单词组合构成短语后，便拥有了更强大的表意功能，让译者在更大的语言单位内转换信息，完成翻译任务。英语和汉语都有大量的短语，因此短语对等在翻译教学中是非常重要的。在平时的教学及课外练习中会有一些相应的短语练习，即给出汉语短语，要求写出英语短语，或者相反。这些短语翻译练习主要涉及一些词语搭配。不可否认，在有些情况下，这样的练习对于大学生成功翻译语句是必不可少的，也是强化大学生英语语言知识的重要途径之一。

例 4：

break the record 打破纪录

Cold War 冷战

Black Market 黑市

hot line 热线

red-eye flight 红眼航班

这种字对字的直译，只是形式上的对等，而且并不普遍。在多数情况下，英汉之间找不到这样直接对应的短语。这时，按照奈达的观点，我们不应拘泥于形式上的对应，而是要追求语义上的对等。

例 5：

血肉 flesh and blood（而不是 blood and flesh）

新旧 old and new（而不是 new and old）

轻重 heavy and light（而不是 light and heavy）

落汤鸡 a drowned rat（而不是 a drowning chick）

student driver 教练车（而不是学生车）

dog days 三伏天（而不是狗日子）

30% off 七折（而不是去掉 30%）

high school 大学（而不是高校）

girl of the old school 守旧的女性（而不是旧学校的女生）

3. 句子层面对等

句子是言语交流中最基本的语言单位。要让目标语的接受者在最大程度上体验到与源语的接受者相似的感受，就要力争在互译中做到语句的对等，即很好地译出源语句子的意思。这往往是翻译的关键之所在。

例 6：

乍一看，这块手表没有什么特别之处，但实际上它是一部手机。

At first sight, there is nothing special about this watch, but in fact it is a mobile phone.

很多学生把"这块手表没有什么特别之处"直接翻译为 this watch has nothing special，显然是因为学生习惯了字对字的直译，而没意识到英语常常用物称来表达，这样翻出来的句子带有明显的汉语味道。

例 7：

With these words he left the room. （After saying these, he left the room.）

说完这些话，他便离开了房间。

例 8：

The bridge is under construction. （The bridge is being constructed.）

那座大桥正在建造之中。

英语叙述呈静态（stative），倾向于多用名词，因而介词的运用发挥出很大的优势；而汉语倾向于多用动词，呈动态（dynamic）。如果学生掌握了这一知识，例 2 和例 3 的译文就会地道很多。

例 9：

这姑娘长得漂亮，鹅蛋形脸，两眼又深又黑，披着又长又密的头发。

She is a pretty girl with an oval face, deep dark eyes and long heavy clinging tresses.

例 10：

有困难找警察。

（Please）Turn to the police for help when （you are） in trouble.

例 9 和例 10 的句子整句与零句混合交错，体现了汉语句式多样灵活的特点。汉语口语里流水句很多，一个小句接一个小句，很多地方可断可连，而英语句子则常用关系词、连接词等，有着清晰的结构。

例 11：

All was cleared up some time later when news came from a distant place that an earthquake was felt the very day the little copper ball fell.

过了些时候，从远方传来了消息：在小铜球坠落的当天，确实发生了地震。这一切终于得到了澄清。

例 11 中的时间状语从句中包含一个同位语从句，同位语从句中包含一个时间状语从句，这充分体现了英语形合的特点。为了实现动态对等，首先学生应该把英语的长句转化成汉语的短句；其次要把英语"树状结构"的句子转化成汉语"竹状结构"的句子；再次，英语句子把最重要的信息放在句首，而汉语则遵循自然的顺序，因此把 All was cleared up 译为"这一切终于得到了澄清"放到了目标语即汉语句子的句末。

第二节 关联翻译理论与翻译模因理论

一、关联翻译理论

关联理论是一个强有力的理论，它的使命虽然不是解释翻译，但却能有效地解释翻译这一"宇宙历史上最为复杂的现象"，它给翻译提供了一个统一的理论框架，奠定了翻译本体论和方法论的理论基础。在关联理论的框架内，翻译是一个对原语（语内或语际）进行阐释的明示—推理过程，译者要根据交际者的意图和受体的期待进行取舍，译文的质量取决于相关因素间的趋同度（convergence）。

（一）关联翻译理论的观点

关联翻译理论认为，翻译过程是一个明示推理的交际过程。从原交际者的明

第二章 英语翻译的理论基础

示行为中通过推理找到最佳关联是译者力争达到的目标，也是翻译研究的原则标准。译文关联性的强弱取决于两大因素：处理努力（processing efforts）与语境效果（contextual effect）。译文读者需要的并不是最大关联性（maximal relevance，即以最小的处理努力获得最大的语境效果），而是最佳关联性（optimal relevance，即无须花费不必要的努力便可从中获得足够的语境效果）。译者根据最佳关联原则从潜在的认知语境（包括译者的百科知识、原文语言提供的逻辑信息和词汇信息、原文的文化背景信息等）中选择正确的语境假设，从源语文本的交际线索中揣摩出原文作者的交际意图，找出最佳关联，从而取得理解原文的语境效果。译者继而在对译入语文本读者的认知语境和阅读期待作出准确判断的基础之上，灵活运用各种翻译策略，力图使译入语文本在音、形、意上最大限度地向源语文本趋同的情况下，将原文作者的意图准确地传达给译文读者，满足译文读者的阅读期待，即无须花费不必要的处理努力即能获得理解原文的足够语境效果。

(二) 关联翻译理论对翻译理解阶段的指导

理解是整个翻译过程的第一阶段，非常重要。译文对原文的理解稍有差错，译文表达就不可能准确无误，甚至会差之毫厘、谬以千里。正确理解原文，不能流于肤浅，要深入透彻。根据关联翻译理论，译者要想使理解达到深入透彻，需要充分了解源语作者的认知语境，尽量扩大和源语作者认知语境的共享，然后根据最佳关联原则从潜在的认知语境中选择正确的语境假设，从源语文本提供交际线索的信息意图中通过推理探究出作者的交际意图，找出最佳关联，从而取得准确透彻地理解原文的语境效果。

1. 扩大和源语作者认知语境的共享

关联翻译理论的语境观强调语境具有选择性和渐变性。理解话语就是从认知语境中选择相关假设，以便付出一定的处理努力获得相应的语境效果，从而找到话语同语境假设之间的最佳关联。在话语的理解过程中，新信息被处理后就会成为旧信息，从而使认知环境不断扩大，为处理下一个新信息提供便利。译者和读者共享的认知语境对于成功地传递原文作者的意图提供了一定程度上的保证。因此在翻译教学中,教师应当引导学生考查原文的历史背景并理解作者创作时的处境与心境,从而充分利用共享的认知语境,对全文进行全面、深入、准确的理解。

例如:On the junk, a man stands amidships beating a drum incessantly to guide their efforts, and they pull with all their strength like men possessed。bent double; and sometimes in the extremity of their travail they crawl on the grolmd, on all fours, like the beasts of the field.

例句中的 possessed 一词是指人"疯了的""鬼迷心窍的""像被鬼缠住了似的"吗? beast 在文中是指"野兽""动物""畜生"吗?学生如果要准确地理解原文,就需要了解本文创作的背景信息,扩大和源语作者认知语境的共享,找到话语同语境假设的最佳关联。例句选自一篇写景抒情的散文。作者毛姆是英国当代著名小说家。他于20世纪20年代末曾来中国,并有机会沿长江溯流而上进入四川,例句后半部所写就是山城重庆的景象。毛姆把他在中国旅行的所见所闻所感写成了一本散文集,名为《在中国屏幕上》,本段即选自该书。毛姆在文中写了江上听到的三种劳动人民的歌声。文章情景交融,表达了对劳动人民的艰苦命运的深切同情,读起来亲切感人。只有了解了文章创作的背景信息,译者才能充分理解文本所体现的精神,理解文本作者的心理状态和思想意图,找到最佳关联。试问毛姆会认为这些劳动人民"像被鬼缠住了似的"并称他们为"畜生"吗?

比较下面两种译文。

译文1:纤夫们发疯似的拼命拉拽着绳索,佝偻着腰,艰难至极时甚至会双手触地,匍匐徐行,如同田里的畜生。

译文2:纤夫们像着了魔似的,腰弯成两折,有时力量用到极限就全身趴在地上匍匐前进,就像田里的牲口。

两段译文在理解原文和表达作者情感方面有所差别,译文1理解有误,而译文2则感人肺腑,作者对劳动人民的深切同情溢于言表。我们在课堂教学中应当引导学生超越语言层次,搜集作者及其作品的背景资料,充分利用共享的认知语境,以求深入透彻地理解原文。

第二章　英语翻译的理论基础

2. 传递源语作者的信息意图和交际意图

(1) 区分信息意图和交际意图。

根据关联翻译理论，意图分为信息意图和交际意图。信息意图是指提供交际线索的意图。交际意图是指语境暗含，它往往在信息意图明示的基础上经过推理而获得。当译者判断原文的信息意图与交际意图重合，即原文的字面意义正是作者本意，而且将原文传译出来后不会影响读者的理解，相反还可以扩大读者的认知语境时，可照译不误。例如：

咱们俩的事，一条绳上拴着俩蚂蚱——谁也跑不了！

We're like two grasshoppers tied to one cord, neither can get away!

如果字面意思与作者的交际意图差之千里，那就只好舍弃字面意思而传递原文的交际意图了，否则会引起误解甚至闹出笑话。例如：

武行者心里要吃，哪里听他分说，一片声喝道："放屁！放屁！"（施耐庵《水浒传》）

Now Wu the Priest wanted in his heart to eat and so how could he be willing to listen to this explanation? He bellowed forth, "Pass your wind! Pass your wind!"

该译文出自有"中国通"之称的美国作家赛珍珠（Pearl Buck）之手。"放屁"在此文中显然是诅咒用语，汉语意为"废话"，英语意为 nonsense。而译者却把它误解成了一道命令，误译为 pass your wind，闹出了强行要酒保放屁的大笑话。

(2) 充分运用推理技巧。

通过推理正确理解源语作者的意图是翻译交际成功的前提。因此，在翻译教学中应当培养学生的推理能力，使这种能力在鉴别多义词、解歧、理顺逻辑、推导交际意图方面发挥重大的作用。

第一，确定原文词义。

有时原文只有信息意图，其获取也不是唾手可得，需要付出努力进行推理。例如："Though the rope may part and the great junk swing back, in the end the rapid will be passed: and at the close of the weary day there is the hearty meal."

不少学生将 hearty 译为丰盛的晚餐、丰盛的美宴、美味佳肴等。如果译者脑中存在以下相关的词汇信息、逻辑信息和百科信息，并积极进行推理，就不会有所误译。文中 hearty 一词在英英字典中的释义为"（of meals）large；substantial"。该句上文描写的是纤夫奋力拉纤、跨越激流的悲壮场面。尽管绳索会断，船会后退，然而他们最终将涉过这大浪急流，疲惫的一天下来，他们好歹能吃上一顿饱饭。毛姆在文中着力表现的是对劳动人民悲壮命运的深切同情。如果这些生活在社会最底层的劳动人民天天都能"大快朵颐"，吃上"美味佳肴"，原文的悲壮色彩无疑要"大打折扣"了。

译文 1：尽管坎坷的途中帆船会因缆索的断裂而掉头迂回，但经过一天的疲惫倦怠之后，他们终会穿越洪湍，到达彼岸，去享受那丰盛的美宴。

译文 2：虽然绳子可能扯断，大船不进而退，但最终险滩必将通过。精疲力竭的一天之后，可以痛快地吃上一顿饱饭。

比较以上两种译文，译文 1 虽然语言流畅优美，但是推理有误，表述不当，从而造成理解偏差。因此在翻译过程中应当引导学生仔细观察原文，找到原文交际线索所提供的信息意图和认知语境间的最佳关联，以求准确的理解和表达。

第二，消除文中歧义。

推理可以起到解歧的作用，因为译者利用认知语境能使原文中歧义句的意义明确化，进而得出正确的信息意图，然后才能翻译。例如："Writers can not bear the fact that poet John Keats died at 26, and only half playfully judge their own lives as failures when they pass that year."在翻译此句时，有不少学生将 half 看成了谓语动词 judge 的主语，译成"半数的作家"。在翻译过程中译者脑中应该出现如下语境假设：第一，根据常识，全国有多少作家曾经如此说过无法进行精确统计。第二，根据词汇信息，half 如作主语不能单独使用，原文应为 half of them。第三，根据逻辑信息，原文有必要强调只有半数的作家对约翰·济慈年仅 26 岁便与世长辞表示惋惜之情吗？因此，通过推理可以断定，文中的 half 不是名词，而是作为程度副词修饰 playfully，意为"不无""不完全的"。例如："She gave a sort of half smile."（not quite a smile）她做了个似笑非笑的表情。

试译：作家们为诗人约翰·济慈 26 岁就离开尘世而叹息不已。他们在过了这个年龄时，便不无戏谑地叹息自己的一生碌碌无为。

第三，推导交际意图。

译者根据原文提供的背景信息和词汇信息等交际线索，通过处理努力，可以推理出隐含在信息意图之下的交际意图。例如：I took her first to dinner. "Gee, that was a delish (=delicious) dinner," she said as we left the restaurant. Then I took her to a movie. "Gee, that was a marvy (=marvelous) movie," she said as we left the theater. And then I took her home. "Gee, I had a sensaysh (=sensational) time," she said as she bade me good night.

本段作者是大学法律系的一名学生，他用一件貂皮大衣换到了室友皮蒂·伯齐头脑简单但是非常漂亮的女朋友。他想看看她的情商到底有多高，于是约她出来吃饭、看电影。这位漂亮女孩的用语却令人大跌眼镜。从原文的词汇信息，即感叹词 Gee 和三个形容词 delicious，marvy，sensaysh 的使用，结合原文的背景信息可以推断出作者的交际意图：通过女孩的用语告诉读者她虽然很漂亮，但是头脑简单，情商不高。我们比较一下以下两位学生的译文。

译文1：我们先是共进晚餐，临走时，她说道："哎呀!真好吃!"接着我们去看电影，散场时，她说道："哎呀!真好看!"看完电影后我送她回家，道晚安时，她说道："哎呀!今天玩得真高兴!"

译文2：我先带她去吃晚饭。临走时，她冒出了一句："哇，这顿饭贼好!"接着我们去看电影，散场时她又来了一句："哇，这部电影真精彩!"完了我送她回家，临道晚安她又蹦出一句："哇，今天玩得忒爽!"

相比较而言，学生译文2语言地道、流畅，生动、活泼，保留了原文的交际线索，同时成功地传递了原文的交际意图。

(三) 关联翻译理论对翻译表达阶段的指导

在全面、深入、细致地理解原文的前提下，表达对于一篇译文的质量好坏起着关键的作用。译者在对译入语文本读者的认知语境和阅读期待作出准确判断的基础之上，灵活运用各种翻译策略，力图使译入语文本在音、形、意最大程度地向源语文本趋同的情况下，将原文作者的意图准确地传达给译文读者，满足译文读者的阅读期待，使译文和原文达到最佳关联。因此，要引导学生在表达上狠下功夫，这样才能全面提高翻译质量。

1. 考虑译文读者的认知语境和阅读期待

在跨文化、跨语言的翻译交际中，译文读者对译文的理解受制于其所拥有的认知环境，有时，源语读者所拥有的文化图式、社会经验等在译语读者的认知环境中并不存在，因此语篇内的有关符号无法激活译文读者记忆中的相关图式，从而导致解读的失败。有时源语读者与译语读者所拥有的文化图式迥然不同，译文读者按照自己的认知习惯来解读，从而导致误读。因此，译者为了确保译文读者无须花费不必要的信息处理努力即可正确地理解译文，推断出源语作者意欲传达的信息意图和交际意图，就需要对译文读者的认知语境作出正确的估计和判断。这一点应该在翻译教学过程中对学生予以明确和强化，在处理富含文化信息的语篇时，引导他们学会通过译文内增词、译文外加注等策略解决译文读者因认知语境中文化图式缺省所引起的解读障碍。

2. 兼顾源语作者的意图和译文读者的认知语境

最佳关联性是译者力争达到的目标，要想使译文获得最佳关联性，必须同时兼顾语境效果和处理努力两大因素。如果读者的认知语境中缺乏相关的信息，或者与源语作者的认知语境发生文化冲突，若一味传递原文的信息意图，那么，读者即使付出了多余的处理努力，也无法推断出原文的交际意图，得不到相应的语境效果，译文无法取得最佳关联。这一点同样应该在翻译教学过程中对学生予以明示和强化，引导他们认识到翻译策略的选择取决于对源语意图的识别和对译文读者认知语境和阅读期待的估量，只有兼顾两者，译文才能实现翻译交际的目的和效果，才能达到最佳关联性。

二、翻译模因论

模因论是基于达尔文进化论的观点来解释文化进化规律的一种新的理论模式。

第二章 英语翻译的理论基础

它试图从历时与共时的视角对事物之间的普遍联系以及文化具有传承性这种本质特征进行诠释。翻译作为一种跨文化、跨语言的行为,在切斯特曼(Chesterman)看来是"模因在同一文化中通过模仿得以传递,同时也通过语言来传递。但某种模因要跨越到其他文化当中则需要借助翻译。因此在跨文化过程中翻译则成为'模因的生存载体'"。翻译模因论的精髓在于它解释了翻译理论的发展规律并肯定了翻译理论对于翻译实践的指导意义。

(一) 翻译模因论概述

模因(meme)这一概念源于社会生物学,最早见于动物学家Dawkins(1976)的畅销书《自私的基因》(*The Selfish Gene*)中。基因是传递生物信息的单位,生物体通过基因进行传播而得以生存。Dawkins希望meme这个词类似于gene,能描述文化现象的进化。他在该书的最后一章引入了与基因相对应的模因概念,并把模因定义为"文化传播的单位,或模仿的单位"。模因论(memetics)是研究模因的理论,最早把模因引入翻译理论研究的当属Chesterman和Hans J. Vermeer(1997)。Chesterman把有关翻译本身以及翻译理论的概念或观点统称为翻译模因(translation memes),如翻译的理论概念、规范、策略和价值观念等。他把翻译研究看作模因论的一个分支,试图用模因论来解释翻译提出的问题,并通过对翻译理论发展史的研究来探寻翻译理论的进化和形成规律。他详细讨论了翻译模因库中的五种超级模因(super-memes)——源语—目标语模因、对等模因、不可译模因、意译—直译模因、写作即翻译模因,发现在翻译理论的进化过程中,有些翻译模因由于不能被普遍接受而消亡;有些翻译模因曾流行一时而最终被取而代之;有些则具有很强的生命力,得以生存和发展。同时通过考察西方翻译理论的进化过程,他发现在某一特定的历史时期都有某一翻译模因处于主导支配地位,而其他翻译模因则处于被压制的地位,从而把西方翻译理论史划分为八个阶段:词语阶段、神谕阶段、修辞学阶段、逻各斯阶段、语言学阶段、交际阶段、目标语阶段和认知阶段。各种模因为了适应社会环境,在不同时期均以不同的面貌出现,不断进行复制和传播,以求生存和发展。

Chesterman 把波普尔（Popper）的科学哲学观引入自己的翻译模因论，认为翻译模因处于波普尔的第三世界中。波普尔把世界划分成三个世界：第一世界是客观物质世界；第二世界是个人思想、情感的主观心智世界；第三世界是指思想的客观内容，属客观知识世界，即关于思想、理论、论题等的知识，存在于公共领域，不是指存在于个人头脑中的观念（第二世界）。根据波普尔的理论，个人翻译技能的发展来自我们的错误，来自我们以前的翻译实践，来自对他人译作的研究，来自前人对翻译的思考，来自翻译理论和翻译历史的学习。我们通过批评对话和自我批评，从他人的反馈信息中发展自己。因此，根据波普尔的理论，翻译模因，即翻译理论或翻译观念，不可避免地影响译者的思维方式和翻译行为。这也是 Chesterman 对翻译理论与翻译实践之间关系的理解。波普尔接受了达尔文进化论的一个最具挑战的观点：个体发生（ontogenetic）平行于种系发生（phylo-genetic）。Chesterman 将这一观点应用到翻译能力的习得中。他认为，一个译者的个体发生过程应该遵循翻译理论的种系发生过程，也就是说，一个译者的观点、态度变化过程可能反射出整个翻译理论的发展，反之亦然。这一假设对翻译教学具有深刻的启示。也就是说，我们可以利用个体发生与种系发生的相似性来强化翻译过程教学。这也是为什么必须给学生讲授翻译理论发展史的原因，其目的是使有关翻译理论发展的知识最终成为学生的一种概念工具，并可为学生提供比照来观察自己的学习进程，培养学生的自我意识，使他们有一种亲身参与历史进程的体验。

（二）翻译模因论对翻译教学的启示

1. 翻译史教学的必要性

翻译模因的进化发展是动态的，具有历史的敏锐性。翻译史教学可以使学生了解翻译模因进化的来龙去脉和历史渊源，懂得任何翻译模因的变化和发展都是受一定社会文化制约的。在一定历史时期，某一翻译模因处于支配地位时，这一模因就演化成了该时期的规范，而其他模因则处于被压制的弱势地位。遵循规范的翻译被视为正统，而违反这一规范的翻译则被视为错误，或根本就不被认为是

第二章 英语翻译的理论基础

"翻译"。因此,翻译模因是历史的产物。翻译史教学可以使学生对翻译模因进化的历史全程有整体认识,深谙模因之间的联系与变化,有利于学生对形形色色的翻译理论有深刻理解,而不只是掌握一些片面、零散的翻译概念,从而避免形成以点代面的错误观念。由于不同阶段的翻译思想都只是突出了翻译现象的某一具体侧面,如果学生对翻译史没有一个全方位的了解,就会像盲人摸象,大家摸到的都是大象的不同部位,但都认为自己摸到的就是大象的全部。因此,翻译史教学能帮助学生把不同的翻译思想整合起来,对翻译现象形成一个全面完整的认识。根据达尔文的观点,个体发生能反映种系发生的规律。那么,教师可以通过翻译史教学来强化学生的个体发生过程。学生可以利用种系发生过程来比照、观察自己的学习进程,使自己有一种亲身参与历史进程的体验,减少学习的盲目性。翻译理论史分为八个阶段,假如这一种系发生过程与译者的个体发生过程一致,那么其中每个阶段都代表着学生个体发展的必经阶段,因此,翻译教学就应该按照这一种系发生的过程规律实施。

"词汇"阶段是翻译学生的起始阶段。初学者自然会采用"词对词"的翻译方法,教师不能一味地抱怨学生过分注重词汇问题,停留于词汇层面,希望学生尽快进入下一个阶段。不要忘了,这是初学者必须经过的阶段,教师应该充分利用这一阶段的特征,做好教学工作。在这一阶段,教师应该围绕词汇讲行翻译教学,培养学生的词汇翻译能力。教学内容可涉及词典等工具书的使用、词语的外延意义和内涵意义、词汇语言学、成分分析、词典学、专门词语的翻译等,还可以利用词汇教学展开对"可译性"问题的讨论。

第二阶段是"神谕"阶段。主要强调语法形式和直译。一般来说,大学生往往处于这一阶段。大学教师经常批评学生固守中学传统的翻译习惯,但这也是学生整个发展过程的必要一环。正当的方法是使学生认识到"直译"只是翻译的一种形式,教学内容可涉及 Nida 的最小转换(minimal transfer)、字面转换(literal transfer)和文学风格转换(literary transfer);纽马克(Newmark)的语义翻译和交际翻译;翻译材料可以选用侧重原文形式的文本类型(哲学文本和法律文本等)和要求事实准确的科技翻译。

第三个阶段是"修辞学"阶段。在这一阶段，教学重点应放在学生译文文体自然、表达灵活上，可要求学生针对目标语进行写作训练。尤其是将母语译成外语时，更要强化对目标语驾驭能力的训练。休森和马丁（Hewson&Martin，1991）提出的变异翻译模式适合这一阶段的训练。他们认为翻译是建立在两个释义变体集合基础之上的：源语释义集合和目标语释义集合。译者首先生成某一原文的释义变体集合，然后给出其相应的目标语释义变体集合；比较分析两组释义变体集合之间的异同，最后根据目标情景制约因素和规范。从中选择一个最佳译文。这一方法可以训练学生两种语言的驾驭能力。在这一阶段，学生可以学习有关文体学、文本语言学、修辞学等理论概念，同时进行编辑、校读训练。

第四阶段是"逻各斯"阶段。这一阶段主要强调语言的创造力和文学翻译。"杂合翻译"是这一阶段的中心概念，要求学生认识到原文可映射到译文中，译文不可避免地带有外来色彩；学会区分语法次序与信息次序。在许多文本类型中，保留信息次序比保留语法次序更为重要；掌握主述谓结构、强调、有标记和无标记表达等；识别显性翻译与隐性翻译，源语文化浓厚的文本应采用显性翻译，而一般文本可以采用隐性翻译。因此，文本类型是制约译者决策的一个重要因素。使学生明白译者并不总是隐形于目标文本与目标读者之间，有时也现形、在场、显示身份，承担译者的责任；解构主义的翻译观也是这一阶段的重要教学内容之一。

"语言学"阶段主要强调语言学知识的重要性。教学内容应涉及符号学、语义学、语用学等，为学生评估、选择译文提供概念工具；在这一阶段还必须涉及对比语言学的内容，强调对两种语言系统（langue）的对比分析。为其译文形式（parole）的选择提供依据。

在"交际"阶段，学生必须认识到作为译者、专业交际者的社会形象和社会作用，考虑翻译任务的整体性质，重视翻译交际过程中各参与者的作用：谁需要翻译？谁付钱？谁出版？谁是读者，等等。交际阶段不再只关注文本本身，并且关注情景。教学内容可涉及交际理论，如格赖斯（Grice）的合作原则及其准则、一般语用学理论（礼貌原则、关联理论、顺应理论等），强调译文的可读性，还可以展开对"对等"观念的讨论，使学生认识到任何交际者都不可能对同一交际

第二章 英语翻译的理论基础

作出完全相同的解释。

"目标语"阶段侧重于目标语的文化层面。翻译文本总是嵌入目标文化之中。这一阶段学生可学习多元系统论，练习翻译一些文化负载重的词语、典故等，掌握其处理策略；提高学生对文本操纵的意识，使他们认识到文本操纵是不可避免的，是意识形态作用的结果。因此，译者必须负起责任；学生还必须明白处于支配地位的文本与处于边缘地位的文本之间的翻译是不同的；翻译规范因不同时期、不同文化而发生变化。

"认知"阶段主要关注译者大脑这一"黑匣子"，探索译者的决策过程。从个体发生的角度来看，这是译者能力发展的成熟阶段，即自我意识阶段。译者的自我意识也包括对翻译行业种系发展的意识。自我意识可使学生从教条中解脱出来，成为一个自由的主体，一个对自己的行为负责任的主体，而不是一个顺从的客体。

2. 翻译教学必须遵循翻译能力的进化规律

翻译作为一种行为技能，是翻译能力的一个重要方面。切斯特曼（Chesterman）认为翻译技能是可以学会的，必须遵循德雷福斯（Dreyfus）兄弟（1986）提出的专业技能发展规律。Dreyfus兄弟把专业技能的进化分为以下五个阶段。

(1) 初学者阶段（novice stage）。学生主要学习识别与技能相关的各种客观事实及特征，以获取决定行为的规律。这些特征非常显著，无须语境便可识别。

(2) 高级学生阶段（advanced beginner stage）。学生经历了更多真实情景后，发现有些特征是因情景变化的（situational），而不能脱离语境（contexvfree）。

(3) 能力形成阶段（competence stage）。随着经验的增加，识别的情景特征增多，人们很难把所有这些特征都储存在意识之中，因此就必须发展优先选择意识，人们要学会决策的层级程序，包括情景的整体判断能力、制订计划以及选择实现这一计划最为重要的因素的能力。在这一阶段，有能力的学生具有任务目标意识，目标意识决定情景特征的优先选择。

(4) 熟练阶段（proficiency stage）。在这一阶段，人们不再只根据客观规则进行决策，更多的是依据个人经验。根据经验判断某些情景特征比其他特征更为凸显。学生能本能地运用这些模式，而无须解构这些模式，这并不是说整体性就排除分析性，熟练者根据直觉组织和理解任务的同时，也会对要做的任务进行分析性思考。因此，熟练者总是在直觉理解与理性的、审慎的行为之间摇摆。

(5) 专业技能阶段（expertise stage）。在这一阶段，一切依赖于直觉。有意识的参与被无意识的参与所取代。专业技能不再是分析性的、运算性的，而是非理性的、直觉的。因此，技能习得的整个过程是一个逐渐自动化的过程：从原子分析到整体识别；从有意识反应到无意识反应；从分析性决策到直觉性决策。

在翻译教学中必须遵循这一循序渐进的能力发展规律，起初要刻意培养学生识别各种翻译模因的自我意识。教师要针对各种翻译模因有计划、有步骤地要求学生进行反复的翻译训练，并要求其翻译行为明确地受到意识的监控；随着翻译专业技能的发展，学生识别相关情景特征的能力和选择恰当翻译策略的能力逐渐趋于自动化，最终成为一种直觉，这样，清醒的意识就演变成了学生能够随意运用的一种工具。

在初学阶段，给学生介绍一些典型的翻译策略，要求学生在比较源语文本和翻译文本时识别这些翻译策略，把翻译策略作为概念和经验规则来学习。例如，要求学生找出某一翻译文本中使用的某些翻译策略。

在高级学习阶段，要求学生根据原文分析译文，列举他们观察到的翻译策略。此时，这些基本的翻译策略已是学生非常熟悉的概念了，他们已经具备在具体语境中识别这些翻译策略的能力；也可要求学生通过翻译练习，学习运用某些翻译策略的能力。如要求学生在翻译具有显著特征的、标记性很强的文本类型或段落时使用某一具体的翻译策略，使学生逐步掌握翻译的句法和语法策略、语义策略和语用策略。

在能力形成阶段，主要侧重对学生分析决策能力的培养。要求学生进行译本分析，并阐明译者使用这些翻译策略的原因，译者优先考虑的因素或目标是什么？在进行具体翻译练习之前，要求学生陈述他们将要使用的翻译策略并阐明理由。在熟练阶段，要着重培养学生从分析性思维转向直觉思维。要求学生在规定的时间内完成某一翻译任务。因为时间压力，学生只能依据直觉选择翻译策略，没有时间进行分析思考。翻译任务完成后，要求学生针对所选用的翻译策略进行理性分析、比较和评估。也可进行分组讨论，让学生对各自的译文进行相互讨论和评价，目的在于帮助学生对通过直觉产生的译文进行反思。在专业技能具备阶段，无须实施教学。

第三节 功能翻译理论与图式理论

一、功能翻译理论

20世纪60年代，纽马克将翻译纳入语义学的研究范围；贝尔根据心理语言学理论提出了翻译的心理模式。20世纪70年代，以德国凯瑟林娜·赖斯（Kantharina Reiss）、汉斯·费米尔（Hans J. Vermeer）等为代表的功能翻译理论学派形成，该理论以现代语言学和逻辑思维学为基础，在翻译实践方面具有较强的实用性和可操作性。功能翻译理论是以目的法则为主导的翻译标准多元化理论体系，主要关注翻译目的和译文功能。目的法则、连贯法则及文本类型理论是该理论的核心内容。功能翻译理论打破了文本中心论的翻译研究传统，摆脱了对等翻译理论的束缚。由此，翻译研究被纳入跨文化交际研究领域，拓宽了翻译理论研究的领域。

（一）功能翻译理论概述

功能翻译理论的主要构成理论包括：赖斯的文本类型和语言功能理论、费米尔的目的论、曼塔利（Mantari）的翻译行为理论和诺德（Nord）的功能加忠诚理论。功能翻译理论以目的为总则，把翻译放在行为理论和跨文化交际理论的框架中，实现了翻译理论从静态的语言翻译象征论向动态功能翻译分析法的转化。

1. 凯瑟林娜·赖斯的文本类型和语言功能理论

赖斯认为，译文应该在概念性内容、语言形式和交际功能上与原文对等，即综合性交际翻译；赖斯还认为文本分类可帮助译者确定特定翻译目的所需的合适对等程度，并从两种角度对文本分类：一是根据文本的语言特点和习惯，将文本体裁或变体划分为工具书、讲稿、讽刺作品或广告等；二是根据主体交际功能，把文本划分为信息型、表达型和诱导型功能文本类型。

2. 汉斯·费米尔的目的论

费米尔目的论的核心概念是翻译方法和翻译策略必须由译文预期目的或功能决定。基于行为理论，费米尔提出翻译（包括口译和笔译）是一种目的性行为，决定翻译目的的最重要因素是译文预期的接受者。在翻译过程中应遵循三个总体原则，即目的原则、连贯原则和忠实原则。目的原则是所有翻译应遵循的首要原则，即整个翻译过程，包括翻译方法和翻译策略的选择，都是由翻译行为所要达到的目来决定的。目的论把翻译行为所要达到的目的概括为三种：译者的目的、译文的交际目的和使用某种特殊翻译手段所要达到的目的，其中译文的交际目的最为重要。连贯原则指译文须符合篇内连贯的要求，是针对译文语篇内部及与译入语文化之间的关系而言。忠实原则是指译文与原文之间应符合篇际连贯的要求，是针对译文语篇与原文语篇之间的关系而言的，近似于译文应忠实于原文的说法，但与原文忠实的程度和形式取决于译文的目的及译者对原文的理解。有所不同的是，忠实原则必须首先服从目的原则和连贯原则。目的决定一切，从翻译策略、翻译方法到对原作形式与内容的取舍，再到目标文本的制作，都以这个翻译目的为参照。费米尔把原文只看作一种"信息供源"，仅提供翻译委托所需要的信息，而不再是评价译作的唯一或最高标准。译者有权按照翻译目的来取舍其中的信息，是否与原文保持篇际一致是由翻译目的来决定的，忠实于原文只是其中的一种可能性。翻译位于两极之间——遵循目标文化的行为与预期、用目标文化的方式来表达源语文化的特征。这两极间存在多种可能性，忠实于原文只是其中的一种可能性。翻译目的实现的可能性取决于目标文化的条件，而不是源语文化。委托只是间接依赖源语文化，因为翻译不得不涉及原文本，只有在特定的情况下，这个目的的实现才需要依靠目标文化与源语文本的关系。

第二章　英语翻译的理论基础

3. 赫尔兹·曼塔利的翻译行为理论

曼塔利提出了翻译行为的概念，并探讨了包括文本转换在内的所有跨文化转换形式，着重论述了翻译过程的行为、参与者的角色和翻译过程发生的环境三方面的问题。曼塔利指出，翻译和翻译行为是两个不同的概念，翻译行为是为实现信息的跨文化、跨语言转换设计的信息传递过程；而翻译只是文本形式上的跨文化转换活动，在转换中，交际性的语言符号或非语言符号（或两者兼有）从一种语言转换成另一种语言。翻译是翻译行为的具体操作。翻译的实质反映出翻译的三个性质：目的性、交际性和跨文化性。该翻译理论从译入者的全新视角来诠释翻译活动，使翻译摆脱了原语的束缚。

4. 诺德的功能加忠诚理论

诺德从翻译文本、翻译方法和翻译单位等方面阐述了功能翻译理论。诺德的功能加忠诚原则，要求译者对翻译过程中的各方参与者负责，并协调各方关系。翻译使译语文本与原语文本之间保持联系并根据译文预期或所要求的功能得以具体化，从而使客观存在语言文化障碍的交际行为得以顺利进行。诺德从功能的角度划分了文本和翻译的类型。文本有四个基本功能：指称功能、表达功能、诉求功能和寒暄功能。文本功能的不同模式是编写翻译教材和翻译教学课程设置的基础。诺德区分了翻译过程的功能及所产生的译文的功能，并概括出翻译过程的两种基本类型，即纪实型翻译和工具型翻译。纪实型翻译旨在用目标语创作出一个真实反映原文交际活动的文本，记录源语文化的信息发送者和接受者在源语文化条件下通过原文进行交际。工具型翻译的目的是在译语文化中实现新的交际功能，即译文要在译语文化里的一次新的交际行动中充当独立的信息传递工具，译文根据自身目的对源文作出调整。

（二）大学英语的语言特点及翻译原则

大学英语是依托英语基本语言为各专业服务的专门用途英语，是英语的一种社会功能变体，属功能性语言范畴，其内容涉及英语语言基础知识、各专业知识、行业习惯、民族习惯、人际关系和处事技巧等。大学英语源于普通英语，既具有普通英语的语言学特征。又是专业知识和普通英语的综合体，因而具有其内在的独特性。大学英语在词汇、句法、语篇和社会四个方面具有显著的特点。在词汇方面，大学英语的语言形式、词汇以及内容等与专业知识密切相关，承载着各专业理论和各专业实践等方面的信息。大学英语具有专业词汇、缩略语和合成词多以借用古词语和外来词语的特点，而且用词正式严谨。在句法层面上，大学英语具有长句突出、以陈述句为主及套语和套句众多的特点。大学英语语句的最大特点在于其简洁严密性，更加注重表达效果的准确性、时效性和逻辑性。在语篇层次方面，大学英语格式固定，语言正规简洁，风格准确严谨，语气庄重礼貌。在社会角度方面，大学英语具有目的性、信息性和文化背景鲜明的特征。大学英语翻译是一种跨语言、跨专业及跨文化的交际活动，大学英语也具有自己鲜明的文体和语言特色。大学英语翻译是一种复杂的互动思维的心理活动和信息处理过程。翻译主体（译者）的知识结构（图式）与翻译客体（文本）的理解和表达有着十分密切的关系。原文的理解和表达效果取决于译者的双语表达能力、相关专业知识、语言文化知识和语篇知识。

近年来，随着对外交流的增加和商务活动的频繁，大学英语翻译承担着越来越重要的任务，因此，作为指导商务翻译活动的翻译理论研究更应得到重视。大学英语翻译的标准有其特殊性。无论是严复的"信、达、雅"，还是纽马克的交际翻译法都无法完全套用，但均可适当借鉴。综合众多观点，大学英语翻译应遵循"忠实、准确、统一、通顺"的原则。国外各种翻译标准都是围绕文体的内容、形式、整体信息的传递或对等展开的。中国国内的各种翻译标准与国外的大同小异，主要围绕着忠实、等值、达意、传神等展开。鉴于大学英语的特性，大学英语的翻译标准可以是"信息的灵活对等"，即原文与译文语义信息的对等、原文与译文风格信息的对等、原文与译文文化信息的对等。大学英语翻译应遵循准确性原则、专业性原则和规范统一原则。

（三）功能翻译理论在大学英语翻译中的应用

功能翻译理论注重译作在新的文化语境里的传播与接受、跨文化传递行为的

第二章 英语翻译的理论基础

最终目的和效果和译者在整个翻译过程中所起的作用。因此，该理论为商务翻译活动从宏观角度提供了理论依据。

1．目的性原则对大学英语翻译的指导作用

功能翻译理论认为，任何翻译都是有目的的或要实现一定的功能，且翻译行为的目的是决定翻译过程的最高法则。在大学英语翻译实践中，基于目的性原则对原文本传递的多元信息进行有选择的翻译，可提高翻译质量，达到预期的翻译目的。商务文本翻译是在源语语篇和目的语语篇之间建立一种功能对等的关系，即目的语语篇和源语语篇在思想内容、语言形式以及交际功能等方面实现对等，完成完整的交际行为。因此，信息传达的真实性和读者效应是商务文本翻译的核心。

2．连贯性和忠实性原则对大学英语翻译的指导作用

功能翻译理论的连贯性原则和忠实性原则有助于译者较好地实现译文的文本功能。商务文本的一个显著特征就是文本的连贯性，主要体现在文本的程式化和术语一致性方面。因此，就商务翻译而言，忠实性还应体现在译文应精确地传译商务术语，做到译文的简洁、严密和庄重同译文的规范性、整体性以及礼貌和功能等方面的对等。商务文本翻译的忠实性就是要求译文有较高的准确性，这种准确性除了要求对商务术语进行正确的运用外，更重要的是要求译文在传递原文所包含的基本信息方面较少失真。

3．文本类型理论对大学英语翻译所起的指导作用

文本类型理论是功能主义理论的出发点和精髓。商务文本多属信息型文本，以传递信息为主要目的，又注重信息传递效果的实用文体。鉴于不同的商务文本具有不同的交际目的和功能，翻译策略也不应一概而论。例如，翻译商务合同时，大多采用"功能性"归化原则，保证相关信息准确传递，有利于贯彻执行，同时要注意这种文体特有的语域特征和尺牍规约。而广告翻译则应以"劝购功能相似"为基本原则，译文应与原文有大致相同的宣传效果、信息传递功能和移情感召功能。

4．功能加忠诚理论对大学英语翻译的指导作用

功能加忠诚理论从文本功能出发，指导商务翻译译者从认识译文文本在目标

语境中的功能出发，使译者在最大限度地忠诚于各方的基础上，力求把译文功能与处于特定语境的原语文本同时加以考虑：既注重译文功能，又兼顾原作者和读者的利益，使译文功能在目标语境中得以充分发挥和实现。这对于信息量大、以文本内容为中心、功能明确的大学英语翻译无疑具有重大的指导意义，有待于商务翻译译者在翻译实践中加以学习和运用。因此，译者应针对不同的翻译任务和不同的读者需求而采取不同的翻译策略。无论从理论角度还是从实践角度，功能加忠诚理论都对商务翻译起着较好的指导作用。

二、图式理论

图式理论在翻译的理解和表达过程中起到了重要的指导作用，它反映了已存在的认知结构在处理外界信息时的主动性。翻译实践表明，译者的相关图式越丰富，对文本的解读能力越强，翻译出来的文本可接受度越大。因而，在翻译教学中，教师有必要激活学生已有的翻译的相关图式，同时，也应该帮助学生建立更多新的图式。认真研究图式理论的精髓，尤其是深入分析图式的功能、图式的激活，就会发现它们其实都具有双向互动和动态发展的属性特征，这正是语言产出技能培养方面研究与实践的切入点。

（一）认知图式与图式理论

图式（schema）本是认知心理学的一个术语，用于表征人类一般知识的一种心理结构。图式在心理学中并不是一个新概念，最早是由康德（I. Kant, 1781）提出，后为人沿用并衍生新意。康德认为，图式是过去的知识在大脑中的储存，图式本身并无意义，只有当它同人们周围已知事物相联系或相参照时才会产生意义。在接受新信息、新概念、新思想时，只有把它们同脑海中固有的知识联系起来才有意义。20世纪70年代，心理学家对理解和记忆的研究日渐深入，巴特莱特（Bartlett）的理论获得了新的意义，它不再局限于一个心理学术语，而逐渐进入语言学家研究的领域。在语言学领域，图式理论可以说是关于背景知识在语言理解中作用的学说，即人们在理解新事物的时候，需要将新事物与已知的概念、

第二章　英语翻译的理论基础

过去的经历,即背景知识联系起来。对新事物的理解取决于头脑中已经存在的图式。输入的信息必须与这些图式相吻合,图式才能起作用,完成信息处理的一系列过程。如果大脑不具备相关的图式,或者虽然具备了相关图式,但由于种种原因未能激活它,那么就不能理解新事物。

图式包括语言知识、社会文化知识和其他知识。根据这些知识的不同性质和特点,图式可以分为三大类:语言图式(linguistic schemata)、内容图式(content schemata)和形式图式(formal schemata)。语言图式是指读者先前的语言知识,即关于语音、词汇和语法等方面的知识。内容图式是指文章的内容范畴,是文章的主题,因此内容图式又被称为主题图示。形式图式通常也被称作文本图式,或者也称修辞图示,是有关各类文章篇章结构的知识。图式理论的发展为语言学、语言教学特别是外语教学带来了新的思维、新的研究途径,同时也为翻译教学提供了新的视角。

(二) 图式的功能

1. 选择功能与信息的注意、编码和检索

图式的选择功能包括信息的注意、编码和检索,注意是指信息加工能力的取向和集中;编码是对信息进行加工和存储;检索是从记忆中提取信息。这种选择功能与已有的专业认知图式相联系,可上升为计划功能,即在环境中有计划、有目的地寻找需要的信息。

2. 整合功能与认知的同化、顺应与平衡

与认知的同化、顺应与平衡整合的过程是人们提取存储于自己头脑中的内部信息,将其加到外部信息上,用内部信息处理外部信息的过程。在这一过程中,通过同化、顺化和平衡,实现认知发展。图式正是经过同化、顺应、平衡而逐步构成更高一级的形式。

3. 理解功能与认知的范围、角度与深度

注意是指信息加工能力的取向和集中;对同一事物理解的角度随着认知图式

的不同而不同；认知图式不同，对于相同信息理解的深度和广度也是不同的。一个完整的、正确的图式还可以帮助推测新的事实。

(三) 认知图式在翻译过程中所起的作用

翻译属于一种语言之间的转换活动，也就是说，翻译是将一种语言用另一种语言进行表达的转换过程，这种过程从表面上看是一种语言活动，但是从翻译的主体即译者的角度来说，翻译实质上是一种思维活动。这就是翻译的本质，是由思到言的过程，思即理解，是对源语文本的正确解码；言即表达，是在理解源语文本的基础上创造译语文本。随着认知语言学的兴起和发展，翻译研究也展开了新的思维领域。从阅读的心理过程来看，翻译是一个解码和重新编码、理解和表达的过程。译者将源语言所包含的信息在记忆信息解码并重新编码为目标语言，而在这一过程中，图式理论起着重要的指导作用。因此，翻译交际实际上是原文作者、译者和译文读者三方交流互动的过程。要使交际成功，译者作为原文的读者首先应充分地理解原文作者意欲表达的信息和意图，然后在译文中传递给译文读者。

无论是译者对原文的理解，还是译文读者对译文的理解，在理解过程中接受新信息时，他/她必须把新信息和文本上下文中提供的旧信息以及交际情景相结合，并在自己的认知语境进行中寻找并激活相关的图式，推导出作者意欲传达的意图和信息，从而形成对新信息的理解。

一方面，认知图式在翻译的理解阶段起到指导作用。图式理论在解释文本的理解过程中强调两种信息处理方式：一种是自下而上的加工方式（bottom up processing），也被称为"数据驱动加工"（data-driven processing），即由词到句乃至到意义的逐步解码过程；另一种是自上而下的加工方式（top-down processing），也被称为"概念驱动加工"（conceptually driven processing）。即译者以已有的知识为基础，对文本的意义进行预测以及动态的交互过程。而且，译者要有相关的语言、内容以及形式图式，在被激活的情况下才能正确地理解源语言。对译者来说，拥有的相关图式越丰富，也就越容易理解和进行解码。反之，较少或缺乏相关图式,就会对理解产生障碍。也就是说,阅读时不能恰到好处地运用背景知识,就不能成功地激活图式,阅读理解就会受到严重的影响。因此,在翻译的理解过程中,译者还要善于激活大脑中与源语文本相关的图式,以求对源语文本进行充分正确的理解。

另一方面,认知图式在翻译的表达阶段起到指导作用。可见,读者对译文的理解同样有一个"图式"的问题,图式理论专家指出:要达到正确的阅读理解,读者不仅需要相关图式,同时还必须激活图式。图式不能有效激活的原因之一,是阅读材料没有提供必要的信息或者说刺激。因此,译者的表达既要适合译文潜在读者的"图式",又要能提供足够的信息以激活读者的图式,使表达能为译文读者所理解。只有这样,才能使翻译完成从译者对源语文本的正确理解到译文潜在读者对译文的理解,最终实现不同语言与文化的发送者和接受者之间的交流目标。

(四) 图式理论对培养大学生英语产出技能的作用

图式理论是一种关于人的知识是怎样被表征出来的以及关于知识的表征如何以特有的方式有利于知识的应用的理论。人类的认识依靠记忆中已经存在的图式,面对世界上千差万别的个体,图式能够使人把各种物体区别开来。人们处理外部信息都需要调用大脑中的图式,依照相关图式来解释、预测、组织和吸收外部信息。可见,图式具有认知的能动性,它既表征知识,又蕴含能力,从中可以就培养大学生英语产出技能问题获取有益的新启示。

1. 构建英语图式知识,增强大学生英语产出的认知储备

大学生虽已具备了相对完整的英语知识体系,但不少学生面对具体的语言产出应用任务时仍无能为力。这是因为,语言产出的过程实质上是一个问题解决的过程。学生有无解决问题的办法,不仅与有无足以表达这一命题的词汇量、充足的句法知识、足够的与主题相关的信息等相关,更与这些知识信息在头脑中的组织结构相关,即与其认知图式水平相关。

认知图式不仅是相关知识的集合,而且是人们过去积累的知识、经历以及相应能力在大脑的动态组织,是一种积极的发展模式。大学英语教学应在教学的不

同层次上，不断构建、发展和完善学生相关的认知图式，从知识信息和认知图式两方面加强积累和储备，增强学生的语言产出能力。

在词汇、句型教学层次上，应注意构建一些与基本词汇和句型有关的语言图式知识，加强基本句型的教学和强化训练。基本句型及其转换形式能够衍生出无限的实际使用的句子。这正是最基本的语言图式知识。在段落、语篇、文体教学层次上，学生缺乏的不是与主题有关的单个知识信息，而是缺乏这些知识信息的有机结构，即相应图式知识的不足。因此，教学应着重段落图式、语篇图式和文体图式的构建。有了词汇、句型、段落、语篇、文体这些各个层次的图式知识以及各层次图式的相互联系，再将其与学生的背景知识和语言技能技巧相结合，就能增强学生的英语认知储备，为实现英语产出夯实基础。

2. 发挥图式功能作用，提供大学生英语产出的认知向导

学生语言产出技能的练习过程是一个对目的语不断做出假设并对此假设不断进行修正的过程。图式理论强调两种基本的信息处理方式，即材料驱动和概念驱动。如果说语言材料的接受主要是采取材料驱动的处理方式，那么，语言的产出则更多地受益于概念驱动。图式理论对语言产出，尤其是对动态的交际性语言产出的作用，主要表现在推理和预测。图式的固有功能对基于预测的语言产出的准确与流利发挥着重要的导向作用，为实现教学任务提供了契机，主要表现为以下两个方面。

一是发挥图式的选择功能作用，准确地定位信息取向，迅速提取信息。学生的英语产出不是随意的，必然受到认知图式的制约和影响。应以准确的任务要素刺激学生的图式知识信息，引导其提取有价值的信息，组织语言产出。如果在学生已有语言认知图式的基础上，将选择功能上升为图式的计划功能，就能让学生在具体的语言环境中有计划、有目的地寻找实现语言产出所需要的信息。

二是在图式的整合功能和理解功能作用下，对语言产出不断做出假设，并对此假设不断进行修正，实现准确的语言产出，就可以找到不少切入点来推动这一过程向正确的方向发展。例如，从潜在的众多图式中推理出适合交际情景

的一个图式来帮助解释交际中接触的信息内容；在已选择出的图式中进行推理，从而使其各组成部分充分发挥作用；当交际信息出现"缺省值"时，从已有的背景知识中推理出该内容，填充空当，从而达到理解的目的；借助图式为理解交际语言内容提供参照，帮助预测下一步语言交际可能出现的情景和需要准备的语言材料。

3．激活已有认知图式，实现大学生英语产出的成功突破

语言产出过程中出现的脱节、阻滞或停滞，往往是由于图式激活受阻。学生的图式激活不畅或受阻，可能就在于与主题相关的某单个图式的激活问题，也可能是在于多个图式或整体图式的激活问题，应帮助学生掌握激活图式的途径和方法，突破图式的瓶颈，顺畅地激活受阻的图式，提高语言产出的技能，成功地实现语言产出。在激活图式的两种基本模式中，语言产出技能培养教学更应偏重于"自上而下"的训练，即通过"概念驱动"的途径，激活与主题相关的图式体系，为交际活动和语言产出提供一个尽可能完善的认知图式环境。概念驱动还可以更有效地发挥图式的推测和假设作用，让图式激活过程随着交际和语言产出的进行而层层推进。

图式的激活方法训练，还可参照安德森（Anderson）和皮尔逊（Pearson）（1984）提出的关于图式激活的三个假设：第一个假设，与图式相关的任何一个词汇很可能使人们想起整个图式。这些单词对学生来说具有诊断性的价值，就是所谓"关键词"。第二个假设，当两个或更多的刺激物被提到时，整个图式被激活。可见图式的激活也有量变和由量到质的转化问题。第三种假设，一旦图式被激活，就可能使人们想起图式的组成部分。这其实就是概念驱动模式的具体运用。

(五) 图式理论对翻译教学所起的指导作用

图式理论既研究语言理解的本质，也研究语言理解失误或失败的根源，它对设计翻译教学内容、分析学生翻译问题等具有一定的指导作用。

1．对教学内容设计的指导作用

图式理论的核心是图式激活，即译读者的固有知识与输入的信息产生共鸣或

交互作用。图式激活要求译读者具备与所输入信息相匹配的知识以及有效激活（activate）固有知识的策略。由此可见，培养和丰富学生的各种图式，包括语言、修辞、篇章结构、文化和语用等知识，提高学生有效地运用各种图式构建正确语篇意义的能力，应是翻译教学的重要内容。

图式激活理论对翻译教学的意义还在于，它还要求译者的译文要适合潜在读者的图式。翻译中的欧式中文和中式欧文现象往往会影响译文读者有效地激活图式，因此，译者既要具有目的语图式，又要具备沟通两种不同语言图式的能力。被动语句、抽象名词和无生命名词作主语等是西方人客体型思维模式在语言中的典型表现，而主动语句、具象词等则基于汉语族人的本体型思维模式。好的译者往往善于处理两种语言表达的相互转换，因此，帮助学生提高这方面的能力同样是翻译教学的重要内容。此外，以翻译为目的的理解与以阅读为目的的理解有所不同，后者可以是全面的，也可以是对主旨或部分细节的理解；可以是深刻的，也可以是模糊的理解，而前者必须是全面深刻的理解。因此，略读、跳读、猜测或忽略生词等可能是阅读教学的主要特点，而细读、反复推敲则是翻译教学的主要特点。

2. 对分析学生翻译失误的指导作用

学生的许多翻译错误是理解不当造成的，对于理解失误，我们通常可以根据图式理论找到不同的根源，如图式空缺、单向加工或策略不当等，也只有了解了错误的根源，才能做到治本。

(1) 图式空缺。

图式空缺指读译者的理解失败是由于缺少某种知识结构或图式。无论语言知识还是内容知识的空缺都有可能导致理解失误，例如，把"Air Jordan is considered to be the best in history."译成"乔丹航空公司被公认为有史以来最好的航空公司。"是因为不了解 Air Jordan 是篮球明星迈克尔·乔丹的外号"飞人"乔丹。

(2) 单向加工。

有时读译者的理解失败是因为依靠单一的加工模式：或仅仅是逐词逐句解码，或仅凭先存知识来作判断。图式理论专家认为，外语学习者往往更多地依靠自下而上的解码模式。中国学生常常把"Before you know where you are, your children have grown up."译成"在你知道你在那里之前你的孩子们长大了。""在你知道你在那里之前"就是对 Before you know where you are 逐词解码，虽然字面意思对，但显然不符合逻辑，如果学生能将字面意义和常识结合起来，就能得到合乎逻辑的理解："一转眼孩子们长大了。"

(3) 策略不当。

能力强的译者和能力弱的译者的主要区别在于，前者善于根据特定语言环境变换信息加工模式，而后者无论在什么情况下往往只会使用一种信息加工模式。同样是"Can you+verb phrase"，有时自下而上的单向加工过程可行，例如："Can you swim?"（会游泳吗？）有时需要自下而上和自上而下的双向加工过程，例如："Can you pass me the salt?"（请把盐递给我。）

(六) 认知图式对翻译教学的启示

图式理论揭示言语理解的本质，对认识翻译起着积极的指导作用，从而给翻译教学带来启示。在翻译教学中，教师除了自身掌握图式理论外，还应帮助学生认识图式理论在翻译理解阶段和表达阶段的重要作用，学习有效运用图式的策略，并通过各种翻译实践活动加强学生运用图式的意识。

1. 教师应帮助学生建立和完善丰富的语言图式

"语言是传递信息的工具，没有相应的语言图式，就无法识别原文的句词，也就无法利用原文提供的信息和线索去调动大脑的内容图式和形式图式，也就谈不上对原文的理解。"因此，语言图式是词汇、语法和习惯用法等方面最基本的语言知识。掌握了这些基本的语言知识，才能使学生更容易进行解码，消除最基本的翻译障碍。这就要求在翻译教学中，教师应使学生加强方方面面知识的积累，包括对词汇、语法和习惯用法等最基本的语言知识的掌握。

2. 教师应帮助学生建立和扩充丰富的内容图式

所谓内容图示的建立和扩充，就是指对文化背景知识的了解和丰富。"对一个民族文化背景知识缺乏了解，往往是造成阅读困难的一大因素。所以说，内容图式在阅读理解中的作用大于语言图式，它能帮助读者预测信息、选择信息和排除歧义，能加速并提高读者对文章的理解，在一定程度上能弥补语言知识方面的不足。"

3. 教师应帮助学生强化对形式图式的理解与运用

不同文章都有各自的特点和框架。例如，政治性的文章通常是比较性的，新闻性的文章通常是描述性的，历史性的文章通常是时间性的，等等。对文章体裁结构的了解也有助于对文章内容的了解，对这些知识的了解就是形式图式的建立。翻译不仅是字词句的理解与表达，更离不开宏观上对语篇层次上的结构分析与理解。因此，在翻译教学中，教师应帮助学生掌握其逻辑关系和内在联系，这样既有助于加深学生对原文的理解，又可以提高学生的思维能力。

第三章 英语翻译的技巧和方法

翻译技巧需从感性认识着手，向理性认识发展，再到准确、完整地表达原文的思想，以求达到一种质的飞跃。犹如绘画艺术，从粗线条的勾画开始，侧重于形状结构，到按比例地局部透视，着重于塑造形象，再到从整体考虑去完美地展现人物性格特征。实际上每一次翻译、创作过程都在不知不觉地运用翻译、创作的一些基本技巧。这些基本技巧决定了翻译或创作的质量，犹如创作过程，要正确处理明暗、虚实关系，翻译过程要十分清楚突出什么，抑制什么，方能相当细腻、多层次地反映原作的精神风貌、理论精髓。

第一节 词汇的翻译技巧和方法

一、英汉词汇比较

英汉两种语言渊源不同，又是在不同的历史和社会条件下发展起来的，所以两者之间存在着很大的差异，体现在词汇及其意义方面的差异也是非常明显的，如在词汇的构成及其形态变化、词汇的功能、词汇顺序、词义、词义的对应性等方面都存在着差异，研究这些差异对两种语言的转换具有非常重要的意义。

(一) 英汉文字的形成

世界上的文字体系大致可以分为两类，一类是表音文字，另一类是表意文字。汉字属于后者。表音文字是用数目不多的符号，通称为字母，表示一种语言里有限的音位或音节。一般来说，在表音文字体系中，一定的字母表示一定的音。这就是说，由字母所形成的文字与它的发音存在着较为直接的对应关系。但是，汉字不是直接表示音位或音节的字母，它的构造单位是笔画和偏旁。笔画是构成汉字的最小单位，汉字的偏旁、单体字和合体字都是由笔画构成的。偏旁主要用于构成合体字，偏旁又可以分为形旁和声旁，前者具有表意的功用，后者具有表声的功用。

汉字是以象形、象意为基础的形声结合的表意体系的文字。从字形上看，汉字是由点、横、竖、撇、捺五种基本笔形及其变体，通过上下、左右或内外组合方式构成的。根据古代典籍记载，汉语主要以四种方式造字，即"象形""指事""会意"和"形声"。

"象形字"是有关自然现象或物的原始图形文字，实际是一种形象符号，如"日""月""水""雨""田"等。"指事字"是以代表某种意思的抽象符号或者在形象符号中加上一个指示性符号构成的。例如，在弧线上加一短横表示"上"，用三根并列的横线表示"三"。"指事字"也是独体字，它和"象形字"都是汉字偏旁的主要来源。"会意字"是由两个指事符号构成的汉字。如把"手"放在"目"上表示"看"；"土"上有两个"人"表示"坐"；还可以用两个或几个字组成一个字，把这几个字的意义合成新字的意义，如"林、森、炎、焱"等。"形声字"是由一个表意的偏旁和一个表音的偏旁组成的汉字，如"挑""跳""眺""拧""柠""咛"等。"象形""指事""会意""形声"四种造字法之间存在着紧密联系，不管是用哪种方法造出来的字，表意功能都是第一位的，表音功能居其次，所以，对于汉语本族人来说，往往可以由字直接获得该字的意义。

从语法的角度上看，一个汉字代表一个语素。语素是词的构成单位。一个词只包含一个语素的叫单语素词，如"东""西"等；包含两个或多个语素的叫复合词，如"东西""电视机"等。现代汉语的基础是古代汉语。在古代汉语中，单音节词占绝对优势。到了现代，汉语虽然双音节和多音节词占有一定地位，但是，一旦有机会人们还是习惯于使用单音节词。现代汉语中大量离合词的存在足以作为明证。如"提醒"常被说成"提个醒"。就连一些多字单语素外来词也被拆开使用，如"幽默"是"humour"的音译，其内部结构不可分析，然而，在现

第三章　英语翻译的技巧和方法

实的语言生活中，常有"幽了他一默"的说法。可见，由一字表示的单音语素（单音节）词的使用，在汉语文化中是根深蒂固的。

在当今世界各民族使用的文字中，汉字的历史最悠久，从商代的甲骨文至今已有约三千五百年的历史。在漫长的发展演变过程中，汉字的数量不断增加，形成了庞大的体系。

英语属于印欧语系的西日耳曼语支，其26个字母是构词的基本单位，利用词缀还可以派生出许多新词，这是英语中一种非常重要的构词手段，加前缀可以改变词义，加后缀可以改变词性。利用合成法、转换法也可以构成许多新词。英文字母在相互组合成词之前都是纯粹的表音符号，但在组合成词之后其词形和词义就联系在一起了。

总之，英汉两种文字都是根据约定俗成的原则来确定字形词形与其所表示的意义之间的关系的。

(二) 英汉词形的差异

在英语中，名词、动词、形容词、副词等都会随着不同的人称、时态、语态、程度等而发生词形上的变化。词形上的变化可以表明英语句子中各成分间的关系；而在汉语中就没有这些变化。在汉语中，词义、词序和隐含的逻辑关系常用来表达语言的意思，如"These students are working very hard in their English studies."这句话用汉语说就是"这些学生在英语学习方面非常努力。"可以看到，英语中的"student"有单复数变化，在词尾加"s"表示复数，而汉语中的"学生"这个词本身并没有单复数变化，其复数概念是通过加限定成分"这些""那些"，或在"学生"后加"们"字来表示的。还有"She speaks English very well"这句话用汉语说，就是"她英语相当好"。英语中的"speak"是动词，它要随着主语的人称和数来变化，这里加了"s"，表示此句的时态是"一般现在时"。汉语动词并不受主语人称和数的控制，不管主语是谁，一律用原词，词形不发生任何变化。又如"He once told me that Professor Li would taught here for thirty years by this winter"，用汉语说就是"他曾对我说，到今年冬天李教授在这里教书就要满三十年了"。从这个例句中可以看到，英语动词有时态变化，表示过去的用"过去时"，表示将来的用"将来时"，表示将来某时完成的用"将来完成时"等。汉语动词则根本没有变化，其时间概念是通过使用时间副词来表示的。

英语的动词还有语态的变化，如果讲述的是事实，就用真实语气，如果是虚拟的事实，就用虚拟语气表示。汉语没有虚拟语气，表达虚拟语气也要通过借助相关的词语。如"If I had not been so busy last night, I would have gone to the station to send him off."这句话，用汉语说，就是"我昨晚要是不那么忙的话，就去车站为他送行了。"

英语的许多可用于比较的形容词和副词有比较级和最高级这类词形变化，汉语则没有。在表达同类意思时，汉语常常使用"比"字表示比较级，使用"最"字表示最高级。如"This one is better than that one"，用汉语说就是"这个比那个好"。"He runs fastest in his class"，用汉语说就是"他在班里跑得最快"。

(三) 英汉词序的差异

英汉两种语言在词语顺序方面也有差异，这主要是由叙事的习惯决定的。在英语中，物主代词往往置于所代表的名词前，人称代词也常出现在主句前面的从句中。然而，在汉语中，则总是先出现名词，后出现代词。如：

例1：His sympathy for the Chinese revolution and his friendship for the Chinese people gained Edgar Snow many enemies.

按照汉语的叙事习惯，这句话的意思就是：埃德加·斯诺对中国革命的同情和对中国人民的友谊使很多人对他产生敌视态度。

有时，词序的变化是由英汉不同的句子结构决定的。如：

例2：The smaller the thing the less the pull of gravity on it and it less the weight.

物体越小，地心引力对它的吸力就越小，重量也就越轻。

例3：Computers can keep a wide range of records, including who sold what, when and to whom.

计算机可以做大范围的记录,包括何人于何时向何人售出了何物。

(四) 英汉词义的差异

英语词义灵活多变,词义的扩大、缩小、转褒、转贬、转为具体或转为抽象等情况随处可见。如"dog"一词的词义就在扩大。在古英语里"dog"指的是"猎狗",在中古英语中泛指各种犬类,如今,其语义已经扩大到 20 余种。而"girl"一词的词义在中古英语中相当于"child",不分性别,现在专指"女孩"或"未婚女青年";"starve"在古英语中指"死亡",现在指"饿死"。"foun"一词原指"foolish(愚蠢的)""insane(疯狂的)",现指"kind and loving(慈爱的)"。"cunning"原指"有学问的人",现指"狡诈的"。

人类对宇宙的认识经历了漫长的由客观到主观、由感性到理性、由具体到抽象的认知过程。在这个认知过程中,具象先于抽象,也就是说,表示物质对象的具体名词首先被人们认识、熟悉,并从中提取共同的、本质的属性,形成抽象的概念。如"king"这个词的具体语义是"国王",抽象语义是"主宰""统治";"muscle"的具体语义是"肌肉",抽象语义是"体力""力气";"brain"的具体语义是"大脑",抽象语义是"智力""脑筋"。又如:

例 4:It is better to sleep naturally without taking medication.

最好是自然入睡,不靠吃药。

例 5:She has taken a lot of different medicine but none has cured the disease.

她吃了许多各种各样的药,但没有一种能治好她的病。

前句中的"药"是抽象名词,所以用"medication",后句中的"药"指的是具体的"药",是具体事物,所以用"medicine"。

还有一些词汇的转化刚好相反,是从抽象到具象转化的。从数目上看,这类词汇比从具象向抽象转化的词汇要少,但这类词汇在英语中也是俯拾皆是。如"beauty"的抽象语义是"美丽",具象语义是"美人";"acquaintance"的抽象语义是"相识",具象语义是"熟人";"license"的抽象语义是"许可",

具象语义是"许可证""执照"。

相比之下,汉语词义则比较严谨,词的含义范围也比较窄,也比较精确固定,词义的引申性和对上下文的依赖性比较小,独立性比较大。这其中的道理就是汉语方块字循规蹈矩,多用本义,很少使用转义,也就是《现代汉语词典》所称的"比喻意"。

词义的不完全对应情况指的是某语言中的一词在另一种语言中有几个同义词,这几个同义词所表达的意思虽然基本相同,但是用于不同的情况,如"津贴"一词,在英语里可用"allowance"和"subsidy"表示,但两者所指不同,前者指"个人津贴",后者指"政府对某一行业给予的补贴"。

不对应的情况是指一种语言中的某个词汇单位在另一种语言的词汇里没有对应物,如专有名词和特指事物等。随着社会的发展,词汇的意思不断发生变化和转移,原有的对应关系常常被打破,新义旧义产生脱节的现象屡见不鲜。有时,词义演变成相近或相通的词,有时则是处于矛盾和相反的关系之中,在这种情况下,稍不留神,就可能出错。如"He learned me how to play chess"是说"他教我下棋",而不是"他跟我学下棋"。

有些词汇在英汉两种语言里看似对应,实则不然。如"从上海到北京的飞机每天一班",这句话如果说成"There was a daily shift from Shanghai to Beijing"就错了,因为"shift"是指工人干活分的早、中、晚班,而飞机的航班是"flight",轮船的航班是"voyage"。

英语中有一部分词的词义成分是隐含的,汉语里找不到表达同样概念的专用词,所以只好采取描绘手法。如"The soldiers showed that they had plenty of grit(grit指的是 quality of courage and endurance)",用汉语说,就是"那些士兵表现得很勇敢,很能吃苦耐劳"。

表示同一概念,实说的时候,英语用特指词,意义明确、具体,显得正规、慎重;虚说的时候,用泛指词,即用一个跟特指词近义或同义的词语作替代词,意义概括、笼统,显得比较通俗、随便。汉语则没有这种区别。见下面的例句:

例 6:When will my laundry come back?

第三章　英语翻译的技巧和方法

我洗的衣服什么时候能送回来？（用 laundry 代替 clothes）

例7：This ancient vase is good for 3 million dollars.

这只古花瓶可卖三百万元。（用 good for 代替 sell）

例8：I have set down everything that happened as I remember it.

我记忆中所发生的一切我都记下了。（用 set down 代替 record）

在汉语和英语中都有许多固定词组，其字面意义和实际意义很不相同。字面意义一开始尽可能被淡化，但有时也需要用它来掩饰后者，以达到某种特殊的表达效果。如果把字面意义看作"指称意义"，那么实际意义就应该是"附加意义"了。其实，这两种意义经常只有显性与隐性之别，因为它们总是共同存在的，如果出典鲜为人知或者不重要，人们倒可能误解其实际意义，同时忽略其字面意义。这一类短语在两种语言的对译中最容易发生语义错位。例如，"老王卖瓜"不是"old Wang sells melons"，而是自己吹嘘自己的东西好；"五讲四美"不是"five talks and four beauties"，"五讲"是指"讲文明、讲礼貌、讲卫生、讲纪律、讲道德"，"四美"是指"心灵美、语言美、行为美、环境美"。一般译为"ethic movement"。"街道妇女"绝不是"street women"，如果那样就成了"妓女"的意思了；超计划生的"黑孩子"，无论如何不能译成"black babies"，应为"off-the-book babies"；"互相借鉴对方的经验"，通常译为"to learn from each other's experience"，而英美人把它说成"to profitably share our experience"；"这些原则一直是我们民族的精神支柱"，外刊说"These principles have nourished the soul of our nation"。"富起来"这个概念，过去在对外宣传中译为"to get rich"，使外国人大惑不解，因为他们心目中的"rich"标准是相当高的。中国农民的所谓"富起来"，暂不宜用"get rich"，可用"to improve/better their living conditions"或者"to become better-off"。"发挥余热"，外刊用"to use one's availability"，表达得准确、生动。

同样，英语中的"fly off the handle"不是"把手飞了出去"，而是指"火冒三丈"；"spill the beans"不是"撒豆子"，而是指"说漏了嘴"；"compare notes"不是"对笔记"，而是指"交换意见"。

二、词义的选择、引申和褒贬

(一) 词义的选择

在翻译过程中,首先碰到的问题是词义。英语中一词多义,汉语中一字多义,这是常见的语言现象。英国伦敦语言学派创始人弗思指出"Each word when used in a new context is a new word"。这充分体现了英语词汇的灵活性。

因此,正确选择词义成为翻译过程中极其重要的一步。请看英语词汇"run"在下列词组中的含义:

run away——跑开　　　　　　　run down——撞倒
run out——用完　　　　　　　　run a race——参加赛跑
run the streets——流浪街头　　　run a fever——发烧
run a factory——办工厂　　　　　run the risk of——冒险
run wild——发狂　　　　　　　　run to seed——变得不修边幅

由此可见,"run"一词的含义极其丰富,除了本义"跑步"外,还有许多意思。

再请看"way"在下列句子中的含义:

Which way do you usually go to town?

你进城一般走哪条路线?

The arrow is pointing the wrong way.

这个箭头指错了方向。

She showed me the way to do it.

她向我示范做这件事的方法。

I don't like the way he looks at me.

我不喜欢他那种样子看着我。

Success is still a long way off.

离成功还远着呢。

We must not give way to their demands.

我们决不能对他们的要求让步。

汉语词汇也是如此，下面请看关于"上"的例子：

上班——go to work　　　　　　　上当——be taken in

上课——attend class　　　　　　上年纪——be getting on in years

上市——come on the market

再请看"轻"在下列句子中的含义：

这件大衣很轻，但非常暖和。

This coat is light but very warm.

易碎品——小心轻放

Fragile handle with care

他年纪虽轻，但做事非常负责。

He is young at age but very responsible in work.

不要轻看自己。

Don't belittle yourself.

不要轻易做出选择。

Don't make choices so easily.

今天我有些轻微的头疼。

I've got a slight headache today.

不难看出，翻译中选义的难易程度有多方面的因素在起作用，除了语言工具书可以帮助翻译，更重要的是，还要借助具体的语境。

(二) 词义的引申

所谓词义的引申，指的是在一个词所具有的基本词义的基础上，进一步加以引申，选择比较恰当的汉语词来表达，使原文的思想表现得更加准确，译文更加流畅。词义引申主要使用词义转译、词义抽象化、词义具体化等方法实现。

1. 词义转译

有些词照搬词典翻译，会使译文晦涩、含混，甚至造成误解。这时就应根据句、文逻辑关系引申转译。如：

(1) heavy 的基本词义是重，heavy crop 引申为大丰收，heavy current 引申为强电流，heavy traffic 引申为交通拥挤等。

(2) sharp 的基本词义是锋利的、尖的，sharp eyes 引申为敏锐的目光，sharp image 引申为清晰的形象，sharp voice 引申为刺耳的声音，sharp temper 引申为易怒的脾气等。

2. 词义抽象化

英语中常常用一个表示具体形象的词来表示一种属性、一个事物或一种概念。翻译这类词时，一般可将其词义作抽象化的引申，译文才能流畅、自然。如：

(1) Every life has its roses and thoms. 每个人的生活都有甜有苦。（roses 和 thoms 抽象化后引申为"甜"和"苦"）

(2) We have to cut through all of the red tape to expand to the French market. 我们必须克服所有的繁文缛节，开拓法国市场。（red tape 抽象化后引申为"繁文缛节"）

(3) Mary stands head and shoulder above her classmates in playing tennis. 玛丽打网球的水平在班里可以说是"鹤立鸡群"。（head and shoulder 抽象化后引申为"鹤立鸡群"）

3. 词义具体化

英语中许多词意义较笼统、抽象，根据汉语表达习惯，引申为意义较明确、具体的词。这样，译文表达清晰、流畅，更加形象生动。如：

(1) The car in front of me stalled and I miss the green. 我前头的那辆车停住了，我错过了绿灯。（green 具体化后引申为"绿灯"）

(2) The big house on the hill is my ambition. 山上的那间大屋是我渴望得到的东西。（ambition 具体化后引申为"渴望得到的东西"）

(三) 词义的褒贬

为了忠实于原文，仅查看词典是不够的。译者还必须正确理解原文背景，了解其思想内容乃至政治观点等，然后选用适当的语言手段来加以表达。原文中有些词本身就含有褒义和贬义，译者在翻译时要相应地将其表达出来，但有些词孤立起来看是中性的，而放在上下文中揣摩则可增添其褒贬色彩，译者在翻译时也应恰如其分地将其表达出来。

英语中有些词不具有褒贬色彩，但根据语言表达的需要，翻译时要译出褒义或贬义以达到更加忠实原文的目的。

(1) reputation：

(a) I'm very lucky to attend this college with an excellent reputation.

被录取到这所享有盛誉的学校，我很幸运。（褒义）

(b) He was a man of integrity, but unfortunately he had a certain reputation.

他是一个正直真实的人，但不幸有某种坏名声。（贬义）

(2) ambition：

(a) My sister worked so hard that she achieved her great ambitions.

我姐姐如此努力工作，最终实现自己的抱负。（褒义）

(b) Ambition dominated their lives.

他们的生活受野心驱使。（贬义）

(3) demanding：

(a) This old professor has been persisting in his demanding research job.

这位老教授一直都不懈努力地追求着他的研究课题。（褒义）

(b) As a demanding boss, he expected total loyalty and dedication from his employees.

他是个苛刻的老板，要求手下的人对他忠心耿耿，鞠躬尽瘁。（贬义）

三、词类的转换

在翻译实践中，要做到既忠实于原文又符合译文的语言规范，就不能机械地按原文词类"对号入座"，逐字硬译，而需要适当改变一些词类，即把原文中属于某种词类的词在译文中转译成另一种词类，这就是现在要讨论的词类的转换。

词类转换在英译汉和汉译英时都是非常重要的手段之一，运用得当，可使译文通顺流畅,符合英汉习惯。现将英译汉以及汉译英时最常见的词类转换列举如下。

(一) 英语名词的转换

英语中名词使用的概率较汉语高,而且词义相当灵活,翻译时要从其基本意义出发,符合汉语习惯,联系上下文加以词类转换等灵活处理。通常英语名词可转译成汉语动词、形容词或副词。

1. 英语名词转译成汉语动词

(1) 由动词派生的英语名词常常转译成汉语动词。例如,Her decision to retire surprised us all. 她决定退休,我们大为惊讶。

(2) 具有动词意义的英语名词常常转译成汉语动词。例如,Every morning, she would go to the park for a walk. 每天早晨,她都要去公园散步。

(3) 表示身份或职业的英语名词常常转换成汉语动词。例如,She was a winner in this competition with her amazing performance. 凭着出色的表演,她赢得了这场比赛。

2. 英语名词转译成汉语形容词

(1) 由形容词派生的英语名词可转译成汉语形容词。例如,She is a real beauty. 她非常漂亮。

(2) 一些加不定冠词作表语或作定语的英语名词可转译成汉语形容词。例如,His promotion was a success. 这次促销活动是成功的。

3. 英语名词转译成汉语副词

英语中有些抽象意义的名词可以转译成汉语副词。例如,It is our pleasure to note that China has made great progress in economy. 我们很高兴地看到,中国的经济已经有了很大的发展。

(二) 英语形容词的转换

英语形容词可转译成汉语动词、副词或名词。

第三章　英语翻译的技巧和方法

1. 英语形容词转译成汉语动词

英语中有些表示知觉、欲望等心理状态的形容词作表语时，可以转译成汉语动词。例如，Doctors said that they were not sure they could save her life. 医生们说他们不敢肯定能救得了她的命。

2. 英语形容词转译成汉语副词

英语名词译成汉语动词时，修饰名词的形容词常常转译成汉语副词。例如，I like having brief naps in the noon. 我喜欢在中午短短地睡上一小会儿。

3. 英语形容词转译成汉语名词

(1) 表示特征或性质的英语形容词可转译成汉语名词。例如，The more carbon the steel contains, the harder and stronger it is. 钢中含碳量越多，其越硬越强。

(2) 有些英语形容词前加上定冠词表示某一类人时，可转译成汉语名词。例如，They are going to build a school for the blind and the deaf. 他们将为盲人和聋人修建一所学校。

（三）英语副词的转换

英语副词可转译成汉语名词、形容词或动词。

1. 英语副词转译成汉语名词

有些英语副词因表达需要可转译成汉语名词。例如，He is physically weak but mentally sound. 他身体虽弱，但思想很健康。

2. 英语副词转译成汉语形容词

有些英语副词因表达需要可转译成汉语形容词。例如，The film impressed me deeply. 这部电影给我留下了深刻的印象。

3. 英语副词转译成汉语动词

有些英语副词因表达需要可转译成汉语动词。例如，Now, I must be away. 现在，我该离开了。

(四) 英语动词的转换

英语动词可转译成汉语名词或副词。

1. 英语动词转译成汉语名词

(1) 英语中有些动词，特别是名词派生或名词转用的动词，在汉语中不易找到相应的动词，翻译时可将其转译成汉语名词。例如，Most students behaved respectfully towards their teachers. 大部分学生对老师的态度都很恭敬。（名词转用的动词）

(2) 有些英语被动式句子中的动词，可以译成"受到/遭到……+名词"或"予以/加以……+名词"的结构。例如，He was snuffed by the top-ranking officials there. 他受到那边高级官员们的冷遇。

2. 英语动词转译成汉语副词

英语中有些动词具有汉语副词的含义，可以转译成汉语副词。例如，When I leave the house, I always watch out. 我出门时总是非常小心。

(五) 英语介词的转换

英语介词搭配多样，关系复杂，运用广泛，翻译时应根据上下文灵活处理，通常可转译成汉语动词。例如，He is leaving for Beijing at 9 this morning. 今天上午9点他将动身去北京。

(六) 汉语动词的转换

1. 汉语动词转译成英语名词

汉语中动词使用较频繁，而且常常几个动词连起来使用。英语中名词使用较多，在汉译英时，可根据需要将汉语动词转译成英语名词。例如，说来话长。It is a long story.

2. 汉语动词转译成英语形容词

汉语中一些动词往往可以转译成英语形容词，常用"be+形容词"来表达。例如，他连续24小时上网，这可说不过去。He has been on line for 24 hours in a row. This is inexcusable.

3. 汉语动词转译成英语介词或介词短语

介词的使用在英语中也非常灵活，在汉译英时，可根据需要将汉语动词转译成英语介词或介词短语。例如，如果遇到火灾，首先要切断电源。Break the circuit first in case of fire.

4. 汉语动词转译成英语副词

同样，有些汉语动词也可用英语副词来表达，这样用词更加简明，意思也非常准确。例如，灯开着，但没有人在家。The light was on, but nobody was in.

（七）汉语名词的转换

有些汉语名词在翻译时，也可转译成英语动词。但是，同时须注意，如果汉语前有形容词修饰语，则也要随之转换成英语副词。例如，他的呼吸有大蒜的味道。His breath smells of garlic.

（八）汉语形容词或副词的转换

汉语形容词或副词可以转译成英语名词，这主要是语法结构或修辞上的需要。例如，思想交流是十分必要的。Exchange of ideas is a vital necessity.

四、增译法、减译法

作为翻译的一个普遍原则，译者不应对原文的内容随意增添或缩减。不过，由于英、汉两种语言文字之间存在的差异，在实际翻译过程中很难做到词字上的完全对应。因此，为了准确地传达出原文的信息，译者往往需要对译文做一些增添或删减，把原文中隐含的一些东西适当增补出来，或删去一些可有可无、不符合译文习惯表达法的词语，以便于读者理解。

（一）增译法

增译法是指在保持原文思想内容完全一致的前提下，在译文上做必要增补，增加一些原文字面上没有的词、词组甚至句子，更加忠实流畅地表达原文的意思。英译汉的增词主要是出于汉语表达的需要，用增词法译出原文所省略的词语，增添必要的连接词、量词或复数概念、表现不同的时态或先后顺序的词，或从修辞连贯等方面考虑，使译文的遣词造句符合汉语的表达习惯。

1. 增加动词、名词、形容词或副词

例如，①He ate and drank, for he was exhausted. 他吃点东西，喝点酒，因为他疲惫不堪。（增加名词）②The plane twisted under me, trailing flame and smoke. 飞机在下面扭动盘旋，拖着浓烟烈焰掉了下去。（增加形容词）③He dismissed the meeting without a closing speech. 他没有致闭幕词就宣布结束会议。（增加动词）④He sat down with his face in his hands. 他两手蒙着脸，一屁股坐了下去。（增加副词）

2. 增加量词

(1) 英语中的数字常直接与名词连用，用汉语表示时却通常需要不同的量词来修饰。例如，The students have their class in a bright classroom. 学生们在一间明亮的教室里上课。

(2) 英语中有些动词或动作名词，译成汉语动词时需增加一些表示动作、行为的动量词。例如，Now that you are tired. Let's have a rest. 既然你们都累了，我们还是休息一下吧。

3. 增加表示名词复数的词

汉语名词的复数没有词形的变化，但如果需要强调复数的概念，可以通过增词来实现，比如可以在表示人的名词前加"各"，或在其后加"们"。还可以用重叠词来表达复数，如"种种"等。例如，He is the least flamboyant of the Republican contenders. 共和党各个角逐者中，他是最不受瞩目的。

4. 增加语气助词

汉语是借助词汇手段表意的语言，因此，增译法就成为人们表达英语情态的不可或缺的方法。在英汉翻译中，经常需要增添语气助词，如"了""啊""呀"

第三章　英语翻译的技巧和方法

"嘛""吧""吗",来满足句子情态的需要,除此之外,还经常会视情况添加适当的虚词如"罢了""而已""究竟""到底""才好"等。例如,Let's do it in the way of business. 这件事我们还是按生意场的老规矩办吧。

5. 增加表示不同时态的词

英语动词有时态、语气的变化,而汉语没有对等的表现形式,翻译时常常要靠增加一些时态和语气的词才行。例如,现在时:"现在""目前";将来时:"将""要""会""就";过去时:"过去""以前""曾经""那时";完成时:"曾(经)""已(经)""过""了"等。

6. 增加表示语态的词

英语多被动句,而汉语多主动句。英语被动句译成汉语主动句时,需增加一些表示被动的词,如"被""便""由""受到""得到""遭到"等,或增加主语,如"人们""我们""大家""有人"等。例如,At the end of the month he was fired for incompetence. 月底,他因不胜任工作而被解雇了。

7. 增加概括词或承上启下的词

英汉两种语言都有概括词,在基本译文的基础上加上适当的表示"概括性"的词,其目的是使译文概念进一步明确,而且可以使上下文的连贯性得到进一步加强。例如,The frequency, wave length and speed of sound are closely related. 频率、波长和声速三者是密切相关的。(增加概括词)

8. 增加关联词

英语中关联词的使用不如汉语中使用得那么频繁,英语原句有时可利用某些如不定式、分词和独立结构等语法形式表达某些成分之间的逻辑关系,但汉译时一定要选用合适的关联词,准确表达其确切含义。例如,Heated, water will change to vapor. 如水受热,就会汽化。

(二) 减译法

减译法又称省略法,是与增词法相对应的翻译方法。一般来说,汉语较英语简练。英译汉时,许多在原文中必不可少的词语如果原原本本地译成汉语,就会成为不必要的冗词,译文会显得十分累赘,因此减译法在英译汉中使用得非常广泛,其主要目的是删去一些可有可无、不符合译文习惯表达法的词语,如实词中的代词、动词的省略,虚词中的冠词、介词和连词的省略等。

1. 省略代词

(1) 省略人称代词。英语中通常每句都有主语,因此人称代词往往会作为主语多次出现。而汉语中如果后句和前句的主语相同,就可以省略主语,所以英语的人称代词译作汉语时,常常可以省略。例如,We live and learn. 活到老,学到老。

(2) 省略作宾语的代词。英语中有些作宾语的物主代词,不管前面是否提到过,翻译时往往都可以省略。例如,I went up to him and held out my hand. 我向他走过去,伸出了手。

2. 省略非人称和强调句中的 it

it 用于非人称和强调句中,汉译时往往可以省略不译。

(1) 省略非人称用法的 it,例如,Outside it was pitch dark and it was mining cats and dogs. 外面一团漆黑,大雨倾盆。

(2) 强调句中用法的 it,例如,It was she who had been wrong. 错的是她。

3. 省略连接词

英语重形合,句中各意群、成分之间都用适当连接词连接,组成句子。句子与句子之间也由连接词组成复合句,形式上比较严谨;汉语则重意合,即更多地依靠语序直接组合成复合句,用逻辑意义将其句子成分、句与句贯穿起来,结构灵活、简洁。因此,英译汉时很多情况下不必把连接词译出。

(1) 省略并列连接词。例如,Early to rise and early to bed makes a man healthy. 早睡早起使人身体健康。

(2) 省略表示原因的连接词。英语因果句中一般用连接词表示原因,而汉语往往通过词序先后来表示因果关系,"因"在前,"果"在后。因此,英译汉时往往可以把原文中这种连接词省略不译。例如,As it is line, you had better go

home. 时间已不早了，你最好回家去。

(3) 省略表示条件的连接词。表示条件的连接词 if，一般译为"假如""如果"等，但在日常口语体或文言文结构中，往往可以省略不译。例如，If winter comes, can spring be far behind? 冬天来了，春天还会远吗?

(4) 省略表示时间的连接词。表示时间关系的 when 和 as 等，汉译时一般用"当……时"，或仅用"时"。但如果汉语时间先后次序明显，为了简略起见，"当……时"或"时"往往可以省略。例如，The day when he was born remains unknown. 他出生的日期仍然不知。

4．省略冠词

英语中凡是指全体、天地间唯一的事物、最高级形容词及特定的普通名词，一般都要在前面加定冠词（指全体亦可加不定冠词或用复数名词），根据汉语习惯，皆不必译出。例如，A camel is much inferior to an elephant in strength. 骆驼的力量不如大象。

5．省略介词

通常介词在不同的情况下会代表不同的意思，如 in，on，at 等词便是，千万不可一见这些词就一视同仁。例如，Suddenly, there came a knock to the door. 突然响起了敲门声。

第二节　句子的翻译技巧和方法

英语文体各异，句型复杂，长句的出现频率高，逻辑性强，给译者增添了许多困难。然而，英语语言具有"形合"的特点，无论多长、多么复杂的结构，都是由一些基本的成分组成的。译者首先要找出句子的主干结构，弄清楚句子的主语、谓语和宾语，然后再分析从句和短句的功能，分析句子中是否有固定搭配、插入语等其他成分。最后，再按照汉语的特点和表达方式组织译文，这样就能保证对句子的正确理解。

一、英汉句子比较

英汉两种语言分属两个不同的语系，前者属于印欧语系，后者属于汉藏语系，因此，两者在句子结构上存在着很大的差异。对比两者的异同，找出其中的差异及转换的规律是一项大有可为的研究。

（一）英汉句子种类及类型

英汉两种语言中的句子种类及类型有同有异，下面分别论述。

1. 英语句子种类及类型

句子是由词按语法规律构成的语言单位，用以表达一个完整的、独立的意思。句子是构成篇章的基本单位。句子的种类一般是按使用目的划分的，主要有陈述句、疑问句、祈使句和感叹句。句子的类型是按结构划分的，可大体分为简单句、并列句和复合句三种。

英语句子的建构是遵循一定规则的，并非胡编乱造。如"I was very happy to get your letter."讲汉语的人只需说"接到你的信，非常高兴"，就可以把意思清楚地表达出来。然而，懂得英语的人都知道这个英语句子里的"I"是绝对不能省掉的，省掉它，不仅句子的结构不完整，意思也不清楚。人们马上会问："Who Was very happy? Who got the letter?"由此可见，英语句子的建构必须遵循语言内部的固有规则，这些规则一般可以通过句子的基本结构来体现。

句子的基本结构也就是基本句型。英语的基本句型主要有六种。一个句子，无论有多长、多复杂，都超不过这些基本句型的范围。哪怕是那些变化多端、一时难以辨认的变异结构，在经过认真分析、琢磨、追根溯源之后，也总能将其归入这六种基本句型中的某一种，真是万变不离其宗。这六种基本句型就是：

(1) 主语+谓语（S+V）：Shirley didn't exercise regularly.

(2) 主语+谓语+宾语（S+V+O）：She opened the curtains to let the sunlight in.

(3) 主语+谓语+双宾语（S+V+O+O）：They made the boy a new coat.

(4) 主语+谓语+复合宾语（S+V+O+O）：My mother told me to send you the money.

(5) 主语+系动词+表语（S+V+P）：She has been absent from school for about three days.

(6) There be+主语（V+S）：There are many English story-books in the library.

这六种基本句型中每一个句子成分都是构成该句型的要素，是句子的主要成分，缺一不可。

在英语句子中，除了主要成分外，还有一些起修饰作用的次要成分，主要为定语及状语等。这些句子成分虽然被称作次要成分，但就其作用来说，并非不重要。在很多句子中，它们都是必不可少的，离开它们，句子就会变得语义不清，甚至毫无意义，如上面列举的六种基本句型里的"regularly""to let the sun light in""for about three days""many English""in the library"等。很多句子一旦离开这些次要成分，就会像一棵棵原本枝繁叶茂的大树被削掉了树冠和枝桠，只剩下一根光秃秃的主干一样。任何一门语言都不可能仅靠主要成分来构句，不可能每句话都像"I like it"那样简单。可以说，主要成分构成句子的框架结构，而一个整体建筑不能仅有框架。所以，次要成分跟主要成分一样，都是表述思想的必需材料。

所谓简单句，是指一个句子里面只含有一套构成句子的基本结构，可以属于前面所述六种基本句型中的任何一种。句中各成分相互依存，缺一不可，而且，任何一个句子成分都不可能单独构成一个完整的句子。此外，英语句子里会经常出现两个（或两个以上）主语共同拥有一个谓语，两个谓语共同拥有一个主语，或两个谓语共同拥有一个宾语等情况，这类句子仍然属于简单句的范畴，因为两者中的任何一个都不能单独构成一个完整的句子成分（更不能单独成句），必须依附于另外一半，两者并存。

有简单句作基础，并列句的结构是很容易理解的。它是通过连接词把两个或两个以上互不依从的简单句（在并列句中称之为分句）连接起来构成的句子。这种起连接作用的词称作并列连词。常见的并列连词有："and, or, either…or, neither…nor, not only…but also, as well as, both…and…"；此外，还有表示转折关系的"but, yet, however, never, the less"；表示因果关系的"so, for, therefore"等。有些并列句的两个分句间不用连词，而用分号，个别时候也用逗号。从理论上说，一个并列句可以拆分成两个简单句。但从意思上看，拆开之后的两个简单句很可能关系松散，或语义不明；而连在一起，则不仅关系紧密，而且逻辑关系清楚，因为这些连接词大多本身具有词义。

如果一个句子中的某个（或某些）句子成分不是由单词或短语而是由另一个句子来充当的，这个句子就是复合句。这种仅充当某种句子成分的句子叫作从句，它所依附的主干结构叫作主句。从句可根据其作用，分为主语从句、宾语从句、表语从句、同位语从句、定语从句和状语从句等。复合句中至少含有一个从句。那些较长的复合句中还常常出现"从句本身还是从句"的现象，也就是说，从句里面套着从句，一层又一层，有时还要外加各类短语，致使整个句子的结构变得十分复杂。但只要把握住了句子的基本结构，也就是熟知基本句型，再长再复杂的句子也会厘清头绪，不会出现理解上的混乱。

应该说，英语句子的建构是非常严谨的，有时甚至一丝不苟。在翻译中，熟谙英语的构句规则对理解原文会起到很大的帮助作用。

2. 汉语句子种类及类型

汉语的句子有单、复句之分。单句可以从不同的角度来分类。从句子所表达的内容和句子的语气来看，单句可以分为陈述句、疑问句、祈使句和感叹句四类。从句子的语法结构来看，单句又可分为完全句、省略句、无主句和独语句四类。复句是由两个或两个以上在意义上有某种联系的单句合起来构成的比较复杂的句子。构成复句的单句叫分句，这些分句必须有一定的联系，这种联系可以用语序或关联词语来表示。例如，风一吹，朵朵白云从我身边漂浮过去，眼前的景物渐渐都躲到夜色里去；只要在什么时候再听到那种歌声，那声音的影片便一幕幕放映起来；歌声拖得很长，因此听得很远很远。

复句的结构比单句复杂，意义和容量也较大。复句的类型是依据分句之间意义上的不同来划分的，一般分为联合复句和偏正复句两大类。联合复句各个分句意义上的联系是平行的，可用来表示并列关系、递进关系、承接关系、选择关系和取舍关系等。例如，从来就没有什么救世主，也不靠神仙皇帝；他不仅会写小说，还会画画；村人看见赵七爷到村，都赶紧吃完饭，聚在七爷家饭桌的周围；不是你去，就是我去；咱们宁可受点累，也不要再麻烦他了。

偏正复句各个分句意义上的联系是有主次之分的，表示主要意义的分句叫作正句，表示次要意义的分句叫作偏句，通常偏句在前，正句在后。偏正复句按偏句和正句之间意义上联系的不同可以分为转折复句、条件复句、假设复句、因果复句、目的复句等。例如，他的话太感动人了，可惜我不能够照样说出；无论大小，都各有长处和短处；如果你肯让我们抄写，我们很乐意的哪；既然你这么说了，我就跟你去一趟吧；你快去吧，免得他等急了。

(二) 英汉句子结构

英汉两种语言在句法结构上存在很多不同之处。本章只侧重研究三种最主要的结构：形合与意合结构、被动结构和变异结构。

1. 形合与意合结构

英汉两种语言之间存在着很大的差异。仅就句子结构来说，一般认为英语较为严谨，汉语较为简明。这是因为英语注重语言形式上的接应，其句子的组成大多采用"形合法（hypotaxis）"；汉语注重行文意义上的连贯，其句子组成大多采用"意合法（parataxis）"。研究形合与意合，对提高英汉两种语言之间的互译质量有着不可忽视的作用。

所谓"形合"，就是借助语言形式手段来实现词语或句子间的连接，也就是在句子的各个成分（包括词、词组、短句）之间使用相应的连接词或关联词语，以表示其相互间的关系。如"The gate was opened, and the audience came crowding in"中的"and"；"I will go to find him after a while"中的"after"；"It looks like a storm, so let's gather up our things and go home"中的"so"；"虽然我使尽全力，但是仍然搬不动这块石头"中的"虽然……但是"；"即使你去了那里，也不会有什么结果"中的"即使"；"假如我是你的话，我就不会这样做"中的"假如"等。这些关联词语把句子间或句子中各成分间的关系表示得一清二楚，这样的句子就叫作形合句。

形合句的主要特点是措辞严谨、语义明朗，它可以使语言内部的逻辑关系更清楚，可以使言语间的强调意味更明确。在英语中，那些属于句子或句子以下层面的比较短小的句式多为形合句。这是因为英语较为稳定而多样的形式手段控制着语言要素间的关系，汉语的情况则相反。另外，汉语在较长的语言片段或句式中多使用形合句，尤其在科技文中，不使用相应的关联词语，即不用形合句，往往很难达到一定的效果。

所谓"意合"，是指在句子结构中不借助语言形式手段，即关联词语等，而借助词语本身或句子所含的逻辑关系来实现句子间或句子中各成分间的连接，句子间或句子中各成分间的关系往往以语序的先后来表示。意合句是一种独立的、固有的句子，是意义上和句法上统一的整体。它有着自己的一套句法联系手段，如采用词语顺序、词汇接应、结构平行、形式重叠以及重复、推理等。如汉语中的"别说了！现在说啥都没用！""给我我也不要""巧妇难为无米之炊""知彼知己，百战不殆；不知彼而知己，一胜一负；不知彼不知己，每战必殆"；英语中的"The earlier, the better"及"The more you give, the more you will get"等。这些句子根本就不需要"不管""即使""假如"或"if"之类的连接词语，因为句中隐含的逻辑关系已经说明了这层意思。可以说，意合句都比较精练。

意合句的主要特点就是短小精炼，因为它不靠连接词语来完成句子间或句子中各语言成分间的衔接。汉语重意合，所以短句用得多，其中有很多是对偶工整、节奏铿锵、朗朗上口的意合句，真是干脆利落，毫不拖泥带水，而且便于记忆。这些意合句大多是形合句的紧缩形式，是在形合基础上的发展、提高和升华。一句话，它简直就是语言经过长期使用而锤炼出来的精华。英语中也有一些意合句，主要体现在一些片语句式、非人称主语句式和介词短语取代从句的句式中。英语中较长的语言片段也往往采用意合法。

2. 被动结构

英汉两种语言都有主动句和被动句。所谓主动句和被动句就是表示主语和谓语之间关系的形式和手段。但同一语法术语在两种语言中所代表的内容并不完全相同。英语中的被动句是指具有被动语法意义的动词短语作谓语的句子，即谓语中含有助动词 be+及物动词的过去分词，这是被动语态的标记。而汉语中的动词没有这种标记，所以，其动词也就没有语态之分，凡是以主语为施动者的句子就是主动句，反之，以主语为受动者的句子就是被动句。

一般说来，无论在英汉哪一种语言中，以施动者为谈话中心时，多用主动句，以受动者为谈话中心时则用被动句。

英语被动语态的使用频率很高，几乎所有的及物动词和部分由不及物动词加介词构成的短语均可用于被动结构。只要说不出行为者是谁，或不想说，或不必说，或以受动者为谈话中心，或为了使上下文意思连贯等都可以使用被动语态。汉语中的"被"字句并非等同于英语中的被动语态，它仅仅是表示一种被动关系的句子，因为除了"被"字句外，还有判断句、"把"字句等，这些句式也都可以表示被动关系。在英汉互译中，被动句的转换可谓五花八门、灵活多变。

我们主要从英汉互译的角度分析两种语言中被动结构的异同。

(1) 相同之处：当施动者不明或不必说出的时候，两种语言都用被动句表示。如：

例1：All his property was seized, and finally his German citizenship was taken away.

他的财产全部被没收，最后，还剥夺了他的德国公民身份。

例2：He has been sent to work in London.

他被派到伦敦工作去了。

例3：这种方法被认为是必要的。

This method is thought necessary.

当强调被动动作或受动者时，两种语言都用被动句表示。但由于汉语的动词无词型变化，只能用某些词语来突出被动意义（有时不用），其中最常见的除了"被"字以外，还有"遭""受""为""挨""让""给""获"等。

(2) 相异之处：英汉两种语言分属不同的语系，它们自身在构句方面的客观事实就是"异大于同"，因而其被动句的相异之处也是大于相同之处的，所以，还需把重点放在相异之处上。

英语的被动句有形态标记，汉语则没有。所谓形态指动词的"态"，即时态、语态。英语动词有时态和语态的变化，时态表示动作发生的时间，是属于时间概念的，这里不做详论；而语态是表示施动与受动概念的，分为主动语态和被动语态两种。汉语动词从时态上看，没有什么固定的表现形式，在表示主动、被动意义时也不受形式标记的约束，这是由汉语本身的语法所决定的。汉语中主语和谓语动词之间的施事—受事关系可以用多种不同手段来表达。

3. 变异结构

(1) 倒装结构。英语的语序主要包括自然语序和倒装语序两种。使用倒装语序主要有两种情况：一是出于句法结构的需要；二是出于修辞的需要。

句法性倒装是出于英语句法结构的需要而采用的一种倒装形式，不倒装就不符合句法规范。这类倒装主要包括：多数疑问句以及表示让步、假设、重复关系的句子及某些以否定词等开头的句子。这里主要讨论表示让步、假设、重复关系及某些以否定词等开头的倒装句。

(2) 间隔结构。英汉两种句子里，都会经常见到两个或两个以上的本应连在一起的成分之间插进了其他成分，使正常的句子结构出现间隔，语法学家称之为间隔结构。如"Mr. Brown thinks that family life, even if full filling, is not enough without friends.（布朗先生认为，没有朋友的家庭生活，即使很完整也是不够的）"但两种语言中的间隔结构并不是一一对应的关系。从上面的例句中可以明显地看出语序上的差异，这是由两种语言的不同构句和表达方式决定的。

(3) 省略结构。省略就是在上下文提供明确信息的情况下，省略句子中的某些成分。它不但是一种"以无为有"的最简便的表达手法，而且是一种简便至极、"虽无胜有"的修辞手段。省略句虽然省去了句子语法构造所需要的组成部分，但是仍能表达其完整的意义。

在英汉两种语言中，随处都可能见到省略结构，因为这种结构能给人一种简洁的美感，如英语说："Day dreaming again, Barb?"而不必非得加上"You are"，汉语也是一样，说："又在想入非非啦，巴勃？"，而不用加个"你"字。有些省略句在英语里用起来很自然，在汉语里则不宜省略。英语尽量避免重复，能省则省，而汉语却不怕重复，在很多情况下，不重复就不能明确达意。

二、被动语态翻译

英语中被动语态使用范围很广,凡是在不必说出主动者、不愿说出主动者、无从说出主动者或者是为了便于连贯上下文等情形下,往往都用被动语态。汉语中虽然也有被动语态,但是使用范围狭窄得多。英语中被动语态的句子,译成汉语时,很多情况下都可译成主动句,但也有一些可以保留被动语态。

(一) 转换成主动语态

在有些情况下,可变换语态,将原来的被动语态转换成主动语态,使译文明确易懂。

(1) A contingency plan against bankruptcy was hastily drawn up.

译文:防止破产倒闭的应急计划很快制订出来了。

(2) The special challenge that advertising presents can be illustrated by a statement made by the president of a major advertising agency in New York.

译文:纽约一家主要广告公司的总裁所做的陈述,可以阐释当前广告业所面临的特殊困难(原文中被动语态译为主动结构,原文中的主语在译文中作宾语)。

(二) 保留被动语态

在进行英译汉时,语态不变,仍然保持原来的被动语态,但译者常常需要在主谓语之间加上一些汉语中表示被动的介词,如"被……""给……""受……""让……""为……所……""遭……"等。例如:

(1) Competition in business is regarded to be a means to earn money.

译文:商业竞争被认为是一种挣钱手段。

(2) Although Americans today are likely to think that Alger's stories are too good to be true, they continue to be inspired by the idea of earning wealth and success as an entrepreneur who makes it on his own.

译文:尽管今天美国人有可能认为阿尔杰的故事好得令人难以置信,但是他们依然为那种自力更生赢得财富和成功的企业家精神所鼓舞。句中的"they continue to be inspired by the idea of earning wealth and success as an entrepreneur who makes it on his own"采用的是被动语态，在翻译成汉语时，可以保持原来的语态，只是在主谓语之间加上汉语中表示被动的介词"为……所"就可以了。

三、定语从句的翻译

英语中，定语从句分为限制性从句与非限制性从句两种，在句中的位置一般是在其所修饰的先行词后面。限制性定语从句与非限制性定语从句的区别主要在于限制意义的大小。而汉语中定语作为修饰语通常在其所修饰的词前面，并且没有限制意义的大小之分，因此，限制与非限制在翻译中并不起十分重要的作用。英语中多用结构复杂的定语从句，而汉语中修饰语不宜臃肿，所以，在翻译定语从句时，一定要考虑到汉语的表达习惯。如果英语的定语从句太长，无论是限制性的还是非限制性的，都不宜译成汉语中的定语，而应用其他方法处理。英语中单个词作定语时，除少数情况外，一般都放在中心词前面；而较长的定语如词组、介词短语、从句作定语时，则一般放在中心词后面。在了解英汉两种语言差异的基础上，以下介绍几种适合商务句子的翻译方法。

（一）前置法

前置法即在英译汉时把定语从句放到所修饰的先行词前面，可以用"的"来连接。既然定语从句的意义是作定语修饰语，那么在翻译的时候，通常把较短的定语从句译成带"的"的前置定语，放在定语从句的先行词前面。在商务翻译实践中，人们发现前置法比较适合翻译结构和意义较为简单的限制性定语从句，而一些较短的具有描述性的非限制性定语从句也可采用前置法，但不如限制性定语从句使用得普遍。例如：

(1) The role of selling in our society is to identify, and provide the goods and services that will satisfy, the needs and wants of the consumers.

译文：销售在社会中的作用就是识别并提供那些能够满足消费者需求的商品和服务。

赏析：在这句话中，限制性定语从句 that will satisfy the needs and wants of the consumers 用来修饰其名词中心词 goods and services。该定语从句比较短，我们在翻译时往往将其前置到先行词前面，使译文符合汉语的表达习惯。

(2) In an urban culture, where mobility is valued, and land is not an issue, female talents are more emphasized.

译文 a：在现代城市人的观念中，价值就是流动性，与土地无关，人们更加注重的是女性的才能。

译文 b：在重视流动性且土地不成为其问题的城市文化中，女性的才能更受重视。

赏析：该句中"where mobility is valued, and land is not an issue"为非限制性定语从句。非限制性定语从句通常有两种译法，一是译成前置结构放在所修饰的先行词前面；二是后置或译成并列的分句，或单独成句。译文 a 采用后置法，按照英文原文的顺序翻译，令人感觉意义不明。而译文 b 译为"的"字结构，置于先行词之前，更符合汉语表达习惯。

(二) 后置法

后置法即在英译汉时把定语从句放在所修饰的先行词后面，作为并列分句。英语的定语从句结构常常比较复杂，如果译成汉语时把它放在其修饰的先行词前面，会显得定语太臃肿，而无法叙述清楚。这时，可以把定语从句放在先行词后面，译成并列分句，重复或者省略关系代词所代表的含义，有时还可以完全脱离主句而独立成句。例如：

(1) The importer can sell the goods to a new buyer while they are being carried by means of negotiable shipping documents which are very convenient for use.

译文 a：进口商可以通过使用起来非常方便的可转让的运输单据将货物在运输途中卖给新的买方。

译文 b：进口商可以通过可转让的运输单据将货物在运输途中卖给新的买方，这类可转让单据用起来非常方便。

赏析：译文 a 中将"which"引导的限制性定语从句前置，显得累赘拗口；而译文 b 采用后置的方法，重复先行词"negotiable shipping documents"，使得译文表意明确。

(2) The fact that these early entrepreneur built great industries out of very little made them seem to millions of Americans like the heroes of the early frontier days who went into the vast wilderness of the United States and turned the forests into farms, villages and small cities.

译文：这些早期的企业家几乎白手起家却创造了宏大的产业，在千百万美国人看来，他们恰如早期拓荒时代的英雄，走进美国一望无际的荒野，将森林变成了农场、村庄和小城镇。

赏析：在这句话中，限制性定语从句"who went into the vast wilderness of the United States and turned the forests into farms, villages and small cities"用来修饰其先行词"heroes of the early frontier days"。该定语从句较长，如果将其前置译成定语，译文比较累赘，也使人很难理解。在这种情况下，将定语从句从引导词 who 这里与主句拆开来，译成并列的分句并省略先行词，译文简洁明了。

（三）融合法

融合法即把主句和定语从句融合成一个简单句，其中的定语从句译成单句中的谓语部分。由于限制性定语从句与主句关系较紧密，所以，融合法多用于翻译限制性定语从句，尤其是"there be"结构带有定语从句的句型。例如：

(1) We are a nation that has a government—not the other way around.

译文：我们这个国家有一个政府，而不是倒过来——政府有一个国家。

(2) Still, XianDai executives returned home with growing fears that their Chinese rivals are closing the technological and design gap with South Korea—a development that could be disastrous for the company.

译文：然而，现代汽车的高管回到韩国后，越来越担心中国竞争对手正在科技和设计方面缩小与韩国的差距，对该公司而言，这种发展可能是灾难性的。

赏析：上述两例均含有限制性定语从句。主句和定语从句关系密切，但强调的重点在定语从句。翻译时将主语译为名词词组，将定语从句译为谓语部分，关系词 that 省略，构成主谓结构。

四、状语从句的翻译

英语的状语从句在句中可以表示时间、地点、原因、条件、让步、方式、比较、目的和结果等意义。表示不同意义的状语从句在句中分别由不同的从属连词引导。英汉语言中状语从句位置不同。英语中状语从句一般处在宾语后的句尾，即主+谓+宾+状，但有时也出现在句首，而汉语中状语的位置比较固定，汉语中状语往往位于主谓语中间，即：主+状+谓+宾；或者为了表示强调，状语也常常位于主语之前。因此，人们在进行英译汉翻译时要遵循汉语的表达习惯，相应进行语序的调整，不能过分受制于原文的语序和结构。例如：

(1) You may also need resumes and appropriate cover letters if you decide to send out unsolicited applications to the companies you have discovered in your initial search.

译文：你如果决定向那些首次搜寻中所发现的公司主动投寄求职信的话，也许还需要简历和相应的自荐信。

赏析：在这句话中，if 引导条件状语从句，译文将条件状语从句前置到主谓语之间。

(2) When the levels reached 6 percent, the crew members would become mentally confused, unable to take measures to preserve their lives.

译文：当含量达到6%时，飞船上的人员将会神经错乱，无法采取保护自己生命的措施。

赏析：译文中时间状语从句置于句首。

(3) The Greeks assumed that the structure of language had some connections with the process of thought, which took root in Europe long before people realized how

diverse languages could be.

译文 a：希腊人认为，语言结构与思维过程之间存在某种联系。这个观点早在人们认识到语言的千差万别之前，就已在欧洲扎根了。

译文 b：希腊人认为，语言结构与思维过程之间存在某种联系。这个观点在人们充分意识到语言是多么的形态万千之前，早就在欧洲扎根了。

赏析：时间状语从句"long before people realized how diverse languages could be"，翻译成汉语的时间状语。译文 a 比译文 b 通顺，且更符合汉语表达习惯。

第三节　语篇的翻译技巧和方法

句子是语法分析的理想单位，但在运用语言进行实际交往中，语言的基本单位则是语篇。语篇是由句子组建而成的，它是人们运用语言符号进行交往的意义单位，故可长可短。一部长篇小说是一个语篇，一个句子或短语，甚至一个词，都能构成语篇。因此，译者一定要把握好对语篇的翻译。

一、英汉语篇比较

语篇结构是某一特定文化中组句成篇的特定方式，是一种约定俗成的、相对稳定的语言使用习惯，是文化因素在语言运用过程中长期积淀的结果。语篇是由段落组成的，段落是由句子组成的。语篇要求内容一致、意义连贯，要求用有效的手段将句子、句群、段落连成一个有机的整体。

与句子相比，篇章具有自己的特点。它不是一连串孤立句子的简单组合，而是一个语义上的整体。从语言形式上看，篇内各句、段之间存在着粘连性，如连接、替代、省略、照应；从语义逻辑上看，全篇通常有首有尾，各句段所反映的概念或命题具有连续性，而不是各不相关。每个句子都起着一定的承前启后的作用，句与句、段与段的排列一般都符合逻辑顺序。

第三章　英语翻译的技巧和方法

(一) 英语语篇结构

英语语篇一般是由几个相互关联的段落组成的，每一段阐述一个要点。文章结构具有系统性、严密性的特点。一篇结构完整、脉络清晰的文章应具有三个主要的组成部分：引言段、正文和结尾段。

引言段位于文章的开头，其最基本的作用是引导读者阅读文章的其余部分。引言在全篇文章中所占的比例较小，用于说明文章讨论的是什么问题，将要谈论哪些问题等。引言段一般包括两部分：概括性的阐述和主题的阐述。概括性的阐述是指引出文章的主题，简要提供有关主题的背景信息，以引起读者的注意，便于读者了解文章论题的由来，对文章的意图和意义产生兴趣。文章主题的阐述就像段落的主题句一样，阐明文章的主题。它包含了正文具体论述扩充的内容，同时也表明作者的态度、意见、观点。与段落主题句相比，主题的阐述更为宽阔，它表达整篇文章的中心思想，并可能表明整篇文章的组织构思方法。主题阐述常位于引言段的结尾处。

文章的正文也称主体，是文章的核心，位于引言段之后。正文一般由一个或多个段落组成，在文中占较大篇幅。作者在正文的写作中围绕引言部分所提出的主题选用相关细节和事实依据说明和解释主题并深化主题，使主题思想得到升华。主题一般由若干个次主题组成，每个段落阐述一个次主题，所以正文中段落的数目一般由次主题的数目决定。正文部分实际上就是通过对次主题的逐一论证达到对主题的论证的。正文部分的逻辑性，如正文内容的安排顺序和层序等，都是依据主题对各个次主题的统帅，次主题对事实、数据、细节的统帅体现出来的。

结尾段位于文章的末尾，是整篇文章不可缺少的组成部分，是要点总结。它总结归纳文章正文阐述的观点，并重申主题，与引言段首尾呼应。由于这是作者展示论点的最后机会，所以结尾段应该警策有力而又耐人寻味。

英语语篇思维模式的特点是：先总括，后细节；先抽象，后具体；先综合，后分析。作者往往直截了当地声明论点，然后逐渐地、有层次地展开阐述，非常注重组织、注重理性，主从层次井然扣接，句子组织环扣盘结。

例：It's rare for a European to be honored in the way that rock art expert George

Chaloupka was recently by an aboriginal. "He fell in love with our country, our culture and especially our rock art," said Mick Anderson, the Aboriginal chairman of Kakadu National Park's board of management. "Perhaps More importantly, he also fell in love with our people. This was based on respect for our people and their knowledge. In turn, George has our respectmore than any other European I know."

Alderson's praise was read out at a party to mark 65-year-old Chaloupka's retirement from the Northern Territory Museum and Art Gilllery Chaloupka was the dedicated mature who discovered thousands of previously unidentified rock an sites across Amhem Land. From then, he formulated the definite time sequence of those paintings, lending evidence to a much earlier Aboriginal Occupation of Australia than previously imagined. He fought the over exploitation of the mineral-rich region. resulting in the establishment of Kakadu National Park. His work recognized the art on the rock walls as the world's oldest existing record of human expression, created thousands of years before the first designs were painted on the torch-lit cave walls of Europe.

(二) 汉语语篇结构

汉语语篇的思维模式既包括英语语篇的思维模式,又具有自己的独到之处。总体来说,它是比较灵活的,其论点的提出取决于文章思路的安排,也就是说,可根据文章的内容、性质和论证的方式与方法等因素在最恰当的地方提出论点。根据论点在文章中的位置,汉语语篇模式可分为文首点题、文中点题和文尾点题等。

例1:近年来,在妇女生活方面发生了最显著的社会变革。到现在,妇女专门在家照看孩子的比例已明显减少。而10世纪末结婚的妇女当时可能正值二十几岁,一生生过七八个孩子,其中有四五个只活到5岁就夭折了。到最小的孩子长到15岁的时候,做母亲的就已经年过半百,也许还能活上20年。在此期间,风俗习惯、机遇和健康等因素使她在一般情况下,不大可能得到有收入的工作。如今,妇女结婚时的年龄已趋年轻化,生育的孩子也少了。通常,最小的孩子长到15岁时,母亲才45岁,还有望再活35年,所以,很可能在60岁退休前得到有

收入的工作。即使在家照料孩子,她的劳动强度也因为有家用电器和方便食品而有所减轻。(文首点题)

例2:记得有这样一部影片,片名忘记了,里面演了四个人在接受警方讯问,内容关系到一个被谋杀的女人的性格和生活方式。四个人都很熟悉这个女人,但是,这个女人向他们每个人展示的都是自己不同的一面。那个爱她的男人看到的是她这个人有趣、聪明和奢侈。那个跟她是同学的女孩说她矜持寡言、交友慎重,而且有点吝啬。她的老板(这女人是他的秘书)觉得她工作努力,但愚钝,是最不能使人产生激情的女人,更涉及不到谋杀案。她的女房东说她很随和、容易相处,但邋遢,不把金钱放在心上。她说:"我总得提醒她交房租,但我喜欢她。她总是高高兴兴的,有谁遇到了难处,她总是乐意帮忙。"这部电影的意义并不在于揭示谁是谋杀者,而在于如何展示我们大家都在遵循的生活方式:我们都在向不同的人展示自己不同的方面。对我们大多数人来说,这并不是有意识的欺骗,而是一种变色龙般的应变能力,是一种由于生活在安全感不断受到威胁的社会中而采取的自我保护形式。(文中点题)

英汉两种语言在语篇结构方面有许多相似之处。在语篇的表现形式上,两者都很灵活、多样。无论是英语的语篇还是汉语的语篇都可长可短,而且都具备完整的意义和交际功能。在语篇的结构上,两者都要求具有艺术性,也就是说,在谋篇布局的各个方面,包括开头结尾的照应、段落的安排、内容的详略等,作者都要深思熟虑,精心谋划。

二、语篇分析在翻译中的运用

语篇分析(Discourse Analysis)是美国语言学家哈里斯(Z. Harris)于1952年首先提出来的一个术语,后来被广泛用于社会语言学、语言哲学、语用学、符号学、语篇语言学等领域。自从翻译界将"语篇分析"这个语言学研究的成果嫁接到翻译学科,翻译界对"上下文"的认识有了一个飞跃,从感性上升到理性,从经验上升到理论。掌握了"语篇分析"理论,译者就能在跋涉译林时,既看到树木,也看到整片森林;就能将原文的词、句、段置于语篇的整体中去理解、去翻译。这样,译文的整体质量就有了很大的提高。

语篇分析的基本内容包括衔接手段、连贯、影响语篇连贯的因素,其中对译者而言,最为重要的是衔接与连贯。

句子或句群不是杂乱无章地堆砌在一起构成段落与篇章,相反,它们总是依照话题之间的连贯性和话题展开的可能性有规律地从一个话题过渡到另一个话题的。篇章的存在要求其外在形式和内在逻辑,即衔接和连贯具有一致性。作为语言实体,段落与篇章在语义上必须是连贯的,而连贯性(coherence)在很大程度上需要靠语内衔接(cohesion)来实现。连贯是首要的,衔接要为连贯服务。翻译工作者为了使译文准确、通顺,就必须处理好衔接与连贯问题。在英译汉实践中,译者应该首先吃透原文,了解作者怎样运用衔接手段来达到连贯目的,然后根据英汉两种语言在形式与逻辑表达上的差别通权达变。

(一) 语篇的衔接

衔接是篇章语言学的重要术语,是语段、语篇的重要特征,也是语篇翻译中的一个重要环节。衔接的优劣,关系到话语题旨或信息是否被读者理解和接受。所谓语篇衔接,就是使用一定的语言手段,使一段话中各部分在语法或词汇方面有联系,使句与句之间在词法和句法上联系起来。例如:

The human brain weighs three pounds, but in that three pounds are ten billion neurons and a hundred billion smaller cells. These many billions of ceils are interconnected in a vastly complicated network that we can't begin to unravel yet… Computer switches and components number in the thousands rather than in the billions.

人脑只有三磅重,但就在这三磅物质中,包含着一百亿个神经细胞,以及一千亿个更小的细胞。这上百亿、上千亿的细胞相互联系,形成一个无比复杂的网络,人类迄今还无法解开其中的奥秘……电脑的转换器和元件只是成千上万,而不是上百亿、上千亿。

第三章　英语翻译的技巧和方法

在上例中，billion 一词重复出现了四次：ten billion neurons，a hundred billion smaller cells. these many billions of cells，in the billions。很显然，前两次所说的是不同的两种细胞，而第三次是对前两次所说的两种细胞的统称，而第四次是指那两种细胞的数量。因此，在翻译时要对 billion 一词加以注意，应将英语的数目概念改成汉语的数目概念，照顾语篇的连贯，切忌把 These many billions 译成"这许多十亿"和把 in the billions 译成"数以十亿计"，这样会切断语篇的连贯性，让读者不明所以。

句组中的各个句子之间、句组与句组之间需用不同的衔接手段（cohesive devices）来体现语篇结构上的黏着性和意义上的连贯性。语篇的衔接手段大体可分为词汇手段、语法手段两大类。

1. 词汇手段

语篇的连贯可以通过词汇衔接手段予以实现。韩礼德和哈桑认为，英语词汇衔接关系可分为两类：同现关系（collocation）和复现关系（reiteration）。此外，运用逻辑连接法也可实现语篇的连贯。

(1) 词语之间的同现关系。同现关系指的是词语在语篇中同时出现的倾向性或可能性。一些属于同一个"词汇套"（lexical set）或同一个"词汇链"（lexical chain）的词常常一起出现在语篇中，衔接上下文。例如 thirsty 一词常会使人们联想到 drink, water, soda water, mineral water, tea, coffee, coke, beer 等词，这些词可能会在语篇中同时与 thirsty 一词出现。除了这种词之外，反义词也常可用来构成词语之间的同现关系。反义词的两极之间可以存在表示不同程度或性质的词语，如在 hot 和 cold 之间尚有 warm, tepid, lukewarm, cool 等词。

例：John is a good teacher. But he is a bad husband.

约翰是一位出色的老师，但他不是好丈夫。

上述例子中的 good, bad 这一对反义词就构成了两句话之间存在的同现关系。此外，互补词也能确立词语之间的同现关系。互补词语在意义上，则是非此即彼、互相排斥的，如 alive 和 dead, single 和 married, husband 和 wife, stand up 和 sit down, boy 和 girl 等。

(2) 词语之间的复现关系。韩礼德和哈桑认为复现关系主要是通过反复使用关键词、同义词、近义词、上义词、下义同、概括同等手段体现的。词语的不同复现手段往往能显示不同的文体或风格特征。他们通过下列例子证明了自己的观点。

原句：There's a boy climbing that tree. 有一个男孩正在爬那棵树。

① The boy's going to fall if he doesn't rake care. 那个男孩将会掉下来如果他不小心。

② The child's going to fall if he doesn't take care. 那个孩子将会掉下来如果他不小心。

③ The lad's going to fall if he doesn't take care. 那个少年将会掉下来如果他不小心。

④ The idiot's going to fall if he doesn't take care. 那个笨蛋将会掉下来如果他不小心。

上例中，①②③④是对原句的复现。①是 boy 一词复现，②中的 child 是 boy 一词的上义词，③中的 lad 是 boy 的同义同，④中的 idiot 属于概括词，口语中可泛指人（常含贬义色彩或熟稔口吻）。

(3) 运用逻辑连接语。逻辑连接语（logical connectors）指的是表示各种逻辑意义的词、短语或分句，包括以下几种。

① 表示句子之间（含句组之间）的时间关系（temporal relation）的逻辑连接语，如 first，next，then，previously，formerly，soon，finally，meanwhile，to begin with，up to now，to sum up 等。

② 表示句子之间的因果和推论关系（causal/resultive/inferential relation）的逻辑连接语，如 consequently，so，otherwise，then，hence，because，as a result，for this reason，in that case 等。

③ 表示附加关系（additive relation）的逻辑连接语，如 by the way，in other words，for instance，likewise，similarly，and，or 等。

④ 表示句子之间的转折和对比关系（adversative/contrastive relation）的逻辑连接语，如 however，but，yet，nevertheless，in fact，in any case，on the contrary 等。

第三章　英语翻译的技巧和方法

⑤ 表示位置（location）、方向（direction）和地点（location）等意义的逻辑连接语，如 over，here，there，under，above，down，up，nearby，further，beyond，beneath，adjacent to，close to，near to，next to，in front of，on top of 等。

2. 语法手段

句子或句组之间的衔接可以通过语法手段予以实现。其中较为常见的语法手段有以下几种。

(1) 动词的时、体变化。动词的时和体可以在句子中起到衔接的作用。例如：

① The boy stopped running. He saw his mother. 那个男孩停止跑动，他看到了他的母亲。

② The boy stopped running. He had seen his mother. 那个男孩停止跑动，因为他看了他的母亲。

从动词的时、体变化角度可看出，句①中的两句之间，存在动作发生的时间顺序关系，而句②中的两句之间既存在着动作发生的时间顺序关系，又存在着因果关系。

(2) 照应手段。照应（reference）指的是词语与其所指对象之间的关系。在语篇中，如果对于一个词语的解释不能从词语本身获得，而必须从该词语所指的对象中寻求答案，就产生了照应关系。因此，照应是一种语义关系，是表示语义关系的一种语法手段，也是帮助语篇实现其结构上的衔接和语义上的连贯的一种主要手段。照应关系可分为两种类型：语内照应（endophora）和语外照应（exophora）。语内照应又可分为两种情况：一种是"上指"（anaphora，亦称"反指"），即用一个词或词组替代上文中提到的另一个词或词组。另一种情况是"下指"（cataphora，亦称"预指"），即用一个词或短语来指下文中即将出现的另一个词、短语乃至句子。语外照应是指在语篇中找不到所指对象的照应关系。

例：John decided to see Mary immediately. He wanted to tell her what had actually happened to their mother.

约翰决定立刻去看玛丽，他想要告诉她他们的母亲到底发生了什么事情。

例 1 中 He 指 John；her 指是 Mary；their mother 又告诉我们 John 和 Mary 之间的关系。两句话之间的语义连贯就是靠词语之间存在的照应关系实现的。

例 2：Tom told a story but Mary did not believe it.

汤姆给玛丽讲了一个故事，但玛丽并不相信它。

例中的 it 反过来指上文中的 story。换言之，story 是 it 的先行词。这就是"上指"。

例 3：When I met her, Mary looked very sad.

当我遇到她的时候，玛丽看起来非常悲伤。

例中的 her 指的是下文中的 Mary，这就是"下指"。

(3) 替代。替代（substitution）是一种既可避免重复又能连接上下文的手段，指的是用代替形式（substitute）来取代上文中的某一成分。替代是一种语法关系，与照应表达对等关系不同，它表达的是一种同类关系。在语篇中，替代形式的意义必须从所替代的成分那里去查找，因而替代是一种重要的衔接语篇的手段。替代可分为名词性替代（nominal substitution）、动词性替代（verbal substitution）和分句性替代（clausal substitution）等多种形式。与英语相比，汉语中替代手段使用的频率较低，汉语往往使用原词复现的方式来达到语篇的衔接与连贯。英语可以用代词 so，do，do the same 等替代形式来替代与上文重复的成分，形成衔接。但是汉语没有类似的替代形式，通常需要用词义重复来连接。因此，译者在翻译时应注意英、汉语的不同表达习惯。

例 1：The Americans are reducing their defense expenditure this year. I wonder if the Russians will do too.

美国人今年在削减国防开支，我怀疑俄罗斯人也会这样做。

例 1 中 do too 替代了 reducing their defense expenditure，体现出英语的简洁性。

例 2：Everyone seems to think he's guilty. If so, no doubt he'll offer to resign.

似乎每个人都认为他是有错的。如果是这样，毫无疑问，他将会提出辞职。

例 3：Electrical charges of a similar kind repel each other and those that are dissimilar attract.

同性电荷相斥，异性电荷相吸。

第三章　英语翻译的技巧和方法

此例中代词 those 替代了前文中的 electrical charges，译文则采用的是"电荷"这一名词。

(4) 省略。省略（ellipsis）指的是把语言结构中的某个成分省去不提。句中的省略成分通常都可以从语境中找到，这样句与句之间就形成了连接关系。同替代一样，省略（ellipsis）的使用也是为了避免重复，突出主要信息，衔接上下文。作为一种修辞方式，它符合语言使用的经济原则。省略可看作一种特殊的替代——零替代（substitution by zero）。省略是一种重要的语篇衔接手段。省略也可分为名词性省略（nominal ellipsis）、动词性省略（verbal ellipsis）和分句性省略（clausal ellipsis）。相比较而言，英语的省略现象比汉语要多一些。因为英语的省略多数伴随着形态或形式上的标记，不容易引起歧义。

例1：Everybody has a responsibility to the society of which he is a part and through this to mankind.

每个人都对他所属的社会负有责任，通过社会对人类负有责任。

例1中，英语有 to 这一形式标记，说明省略的动词成分，这样能使前后衔接，结构紧凑，汉语的习惯则要求重复这一成分。

在省略这一衔接手段中，译者尤其需要注意的是汉语经常省略主语，因为汉语具有主语控制力和承接力强的特点，在汉语语篇中，当主语一次出现后，在后续句中可以隐含。

例2：Arthur Clarke was born in Minehead, England. Early interested in science, he constructed his first telescope at the age of thirteen. He was a radar specialist with the Royal Air Force during World War II. He originated the proposal for use of satellites in communication…

阿瑟·克拉克生于英格兰的明海德镇。自幼喜爱科学，十三岁时制作了自己的第一架望远镜，第二次世界大战期间是皇家空军的一位雷达专家，曾首先提议将卫星用于通信……

在上例中，英语句子在结构上是比较工整的，每个句子都有主语。而在汉语的译文中，只要意思明确，句子的主语可以省略，一个主语可以管一个小的段落。

例 3：What matters if there are some difficulties. Let them blockade us. Let them blockade us for eight or ten years. By that time, all of the China's problems would have been solved.

（即便）多（或）少（有）一些困难怕什么，（让他们）封锁吧，封锁十年（或者）八年，（到那时）中国的一切问题都解决了。

从此例中我们可以看出，英语的表达具有很强的实际意义，在翻译时要首先把省略的部分补齐，才能够结构完整，衔接紧密。汉语中括号内的词语是隐含的，所以在译成英语时，括号里的词语的意义是绝不能省略掉的。

(5) 连接。连接（connection）是表示各种逻辑意义的连接手段，连接词又称"逻辑联系语"。连接词既可以是连词，也可以是具有连接意义的副词、介词及短语，还可以是分句。连接关系是通过连接词以及一些副词或词组实现的。连接词在语篇中具有专业化的衔接功能，表明了句子间的语义关系，甚至通过前句可从逻辑上预见后句的语义。通过使用各种连接词语，句子间的语义逻辑关系可以明确表示出来。

语篇中的连接成分是具有明确含义的词语。通过这类连接性词语，人们可以了解句子之间的语义联系，并且可以根据前句预见后续句的语义。韩礼德将英语的连接词语按其功能分为四种类型，即：添加、递进（additive），转折（adversative），因果（causal），时序（temporal）。这四种连接词的类型可分别由 and，but，so，then 这四个简单连词来表达。它们以简单的形态代表这四种关系。

添加、递进是指写完一句话之后，还有扩展余地，可以在此基础上再添加某些补充信息。表示添加、递进的连接词语有 and，furthermore，in addition，what is more 等。

转折是指后一句的意义与前一句的意义截然相反。前一句的陈述是肯定的，后一句却是否定的；前一句是否定的，后一句则是肯定的。表示转折关系的连接词语有 but，on the other hand，however，conversely 等。

因果连接是指以各种不同方式体现的原因与结果的关系。表示因果关系的连接词语有 because，so，for this reason，consequently 等。

第三章 英语翻译的技巧和方法

时序性连接词语表示篇章的事件发生的时间关系，这类词语有 formerly，first，then，in the end，next 等。请看下面例子。

例1：My client says he does not know this witness. Further, he denies ever having seen her or spoken to her.

我的当事人说他并不认识这位证人。更深一层地说，他否认见过这位证人或与她说过话。

此例中后面补充的语义实质上是对前面内容的扩展和肯定，并使两个句子紧密地连接起来。

例2：I am afraid I'll be home late tonight. However, I won't have to go in until late tomorrow.

我担心今晚回家会晚。可是，我不会一直晚到明天才回家的。

此例中，前一句是陈述句，后一句是否定句，后一句的意思与前一句完全不同。

作为语篇中的衔接手段，英语的连接词和汉语的连接词之间存在着若干相同点。首先，它们的功能是相同的，语篇连接词本身就是意义明确的选项，它们在语篇中衔接句子与句子，或者衔接段落与段落时，能够明白无误地表达句子之间或段落之间的语义联系和逻辑关系。此外，无论是英语还是汉语，在绝大多数情况下，连接词都出现在句首的位置，它们就像纽带一样，将前句与后句或前段文字与后段文字紧密地连接起来。

但是，在语篇层面的连接方式上，汉语呈隐性，英语则是显性的，或者说在语篇层面英语重形合，要用连接词把各句连起来，所以有些研究者把英语称作链语（chain language）。

(6) 排比结构。排比结构整齐匀称，意义连贯，能使语言产生和谐的均衡美。它既是一种修辞手法，也是语篇的一种衔接手段。例如：

① If you prick us, do we not bleed? 你们要是用刀剑刺我们，我们不是也会出血的吗？

② If you tickle us, do we not laugh? 你们要是搔我们的痒，我们不是也会笑起来的吗？

③ If you poison us, do we not die? 你们要是用毒害我们,我们不是也会死的吗?

④ And if you wrong us, shall we not revenge? 那么要是你们欺侮了我们,我们难道不会复仇吗?

这是莎士比亚的《威尼斯商人》中的名言。同样的句式,整齐排列,译文也采用了排比结构,意思连贯,具有和谐美。

由于衔接是通过词汇或语法手段加以实现的,所以学者们认为它是语篇的"有形网络"。译文也要通过一定的衔接手段,将句子与句子、段落与段落按照逻辑组织起来,构成一个完整或相对完整的语义单位。但是,由于英语和汉语存在不同的语言特点,其衔接手段的侧重点和频繁度也有所不同。英语是形合语言,注重表层语言结构成分的前后照应与衔接。而汉语是意合语言,更注重句子成分之间的逻辑关系,在行文时多以意相连,省略和关联衔接更为频繁。总之,在英汉互译时,译者要通过正确理解联句成篇的衔接手段,更好地把握原文作者的完整逻辑思路,并在生成译文语篇时对原文的衔接方式进行必要的转换和变化,将句子与句子、段落与段落按照逻辑组织起来,构成一个完整或相对完整的语义单位。

(二) 语篇的连贯

语篇既然是语义单位,那么能够称作"语篇"的语言实体必须在语义上是连贯的（Text must be coherent）。语义连贯是构成话语的重要标志。衔接是通过词汇或语法手段使文脉贯通,而连贯是指以信息发出者和接受者双方共同了解的情景为基础,通过逻辑推理来达到语义的连贯。如果说衔接是篇章的有形网络,那么连贯则是篇章的无形网络。译者只有理解看似相互独立、实为相互照应的句内、句间或段间关系并加以充分表达,才能传达原作的题旨和功能。

例 1: I wrestled with my own resolution: I wanted to be weak that I might avoid the awful passage of further suffering I saw laid out for me…

我和我自己的决心搏斗着:我要成为软弱的人,这样我就可以避免去走那条要我受更多苦难的可怕的路,我看到这条路就摆在面前……

例 1 中，译者在翻译时，重复了主体"我"，也明确了客体，使译文豁达流畅。

例 2：The chess board is the world, the pieces are the phenomena of the universe, the ruies of the game are what we call the laws of nature. The player on the other side is hidden from us. We know that his play is always fair, and patient. But we also know, to our cost, that he never over looks a mistake, or makes the smallest allowance for ignorance.

世界是盘棋，万物就是棋子。弈棋规则即所谓的自然规律，我们的对手隐蔽不见。我们知道他下棋总是合理、公正、有耐心。但输了棋后我们才知道，他从不放过任何误棋，也决不原谅任何无知。

这是赫胥黎的一段话。赫胥黎将人生比作一场漫长的弈棋比赛。因此，译者在翻译时对原文中 the game, the player, his play, to our cost 等词语的处理必须符合这一语义的整体性和连贯性，以"棋"贯穿整个语篇，把"to our cost"等隐含的语义明确地表达出来。

语篇中句子的排列如果违反逻辑就会对句与句之间语义的连贯产生影响。有时候，说话的前提以及发话者、受话者之间的共有知识也会影响到语义的连贯。诗篇的连贯性主要取决于读者的联想和想象。

(三) 影响语篇衔接连贯的因素

语篇的含义主要依赖于语境。语境是语言活动在一定的时间和空间里所处的境况。人们在语言交际的过程中要想顺利地交流思想和理解话语发出者的信息，必须运用语言所依赖的各种表现为言辞的上下文或不表现为言辞的主客观环境因素。这里的上下文和主客观环境因素就是语境。语境有广义语境与狭义语境之分。广义的语境是指对语言交际产生制约的社会的、自然的、交际者本身的等各种各样的因素，也称为"情境语境"（Situational Context）或"超语言学语境"（Extralinguistic Context）。狭义的语境是指交际过程中某一话语结构表达某种特定意义时所依赖的各种表现为言辞的上下文，它既包括书面语中的上下文,也包括口语中的前言后语所限定的环境。此处我们主要讨论书面语中的上下文。篇章和语境之间有联系也有区别。语境用以解决具体词语的词义判断,是为了准确;篇章用以承上启下和前后呼应,为的是使不同段落之间语义连贯,观点清楚,叙述协调。在翻译实践中,要充分注意两者的区别并将其统一在操作过程中。

例1:One out of five incoming calls is a complaint. However, most customers don't air their complaints for one of two reasons. (下文:They don't know where or whom to complain to. They don't think it will help to complain.)

误译:打进来的5个电话中就有一个是投诉电话。不过,绝大多数的顾客不会因为一两个原因而宣泄他们的不满。

乍看之下,译文似乎没有什么不妥。但如果将这句话放在原语境中,看到括号中紧跟的下文,就会发现译文的不妥之处。后文说的是"他们不知道该到哪里,向谁投诉。他们认为投诉也无济于事"。所以,原文应该译为"打进来的5个电话中就有一个是投诉电话。不过,绝大多数的顾客会因为以下两个原因之一而未能发泄其不满"。

从语篇的角度来看,英译汉的过程是用汉语重新构建语篇的过程,句子层面之外必须考虑语篇衔接,只是在重构的过程中需要照顾原文的语篇结构,不可超越。原文作者为了一定的修辞目的而采用了一些衔接手段,译者应当体察其意图,在不至于违背其语义信息、修辞特色的前提下,选择符合汉语表达习惯的衔接手段,尽量给汉语读者提供两全其美的译文。

例2:A company announced cuts of 8,200 jobs-10% of its workforce. What happened? Customers have been canceling orders like mad.

误译:某公司宣布裁员10%共8200名员工。发生了什么?客户们像疯了一样撤销订单。

此例译文在衔接上不够自然,整句话读起来不够连贯,改成"某公司宣布裁员10%,共8200名员工。这是什么原因呢?这是因为客户纷纷撤销了订单"更好一些。

（四）衔接、连贯的相互关系

在进行英汉段落与篇章翻译时，语篇的"衔接"与"连贯"是必须考虑的两大要素。衔接是一个语义概念，它是存在于语篇中的、并使语篇得以存在的语言成分之间的语义关系。衔接是语言机制的一部分，它的作用在于运用照应（reference）、省略（ellipsis）、替代（substitution）、连接（conjunction）和词汇衔接（lexical cohesion）等手段使各个语言成分成为整体。语篇衔接手段主要有语法衔接（grammatical cohesion）和词汇衔接（lexical cohesion）。在语篇中，语法手段的使用可以起到连句成篇的作用。语篇衔接手段能使语篇结构紧密，逻辑清晰，更好地实现语义的连贯。

连贯是篇章被感到是一个整体而不是一串不相关语句的程度。连贯对于篇章是一个有意义的整体，而非无意义堆砌的一种感觉。衔接是一种篇章特点，连贯是一个读者对于篇章方面的评价。语篇的连贯性应该经受住对语句的语义连接及语用环境的逻辑推理，所以语篇连贯不仅包括语篇内部意义的衔接，还包括语篇与语境的衔接。连贯语篇的基本标准是其意义形成一个整体，并与语境相关联。

衔接是客观的，从理论上讲能够被轻易识别；而连贯是主观的，对篇章中连贯程度的评价将因读者不同而不同。衔接的前提是思维的逻辑性、连贯性，而连贯是交际成功的重要保证。衔接是篇章的外在形式，连贯是篇章的内在逻辑联系。衔接是语篇的有形网络，是语篇表层结构形式之间的语义关系；连贯是语篇的无形网络，是语篇深层的语义或功能连接关系。

第四章　不同文化差异背景下的翻译问题分析

翻译是在一定文化背景条件下进行的语言形式的转换，它所涉及的不仅是两种语言，也是两种文化。文化差异使得原语和译语在词汇层面统一并非易事，因此如何处理好文化差异在形式和功能上的对等是文化翻译的关键所在。

第一节　不同思维方式下的翻译问题

英语民族重直线思维，汉语民族重曲线思维。在表达思想时，英语民族喜欢单刀直入、直截了当，自己的意愿往往首先提出，而汉语民族则喜欢拐弯抹角、遮遮掩掩，重头戏往往在后。这种差异常体现在句式结构上，英语多为前重心，头短尾长；汉语则多为后重心，头大尾小。如英语句子"Mr. King had an accident when he was driving to work."，将重点"出车祸"放在开头直接交代；汉语则把重点 have an accident 放后："金先生在开车上班时出了车祸。"

英语民族重形式逻辑，中国人重辩证思维。这种差异在语言上表现为英语重形合，汉语重意合。英语注重运用丰富的语法组合手段（如连接词、词缀、词形变化、指代词、被动语态等）来体现分句之间的依附或从属关系的结构，注重句子形式，注重结构完整，以形显义。而汉语句子不是靠各种语法成分连接在一起，而是靠语义或逻辑捆绑在一起的，主要依赖意义的内在衔接，形成一种隐约的意义脉络，不求形式上的完整，只求达意，以神统形。一个简单的例子便能很好地说明这点：国际快餐业巨头麦当劳那句脍炙人口的广告语"I'm loving it!"在中国被翻译为"我就喜欢!"在英语原句里，作为宾语的"it"必不可少；少了，就是一个错句，就违背了"形合"原则。而汉语译文中与"it"相对应的"它"字必须隐去，以求达意，以神统形；如果翻译为"我就喜欢它"，反倒不符合汉语习惯的表达方法，还可能引起歧义。还有，东方人的观察重心一般落在具体的事物上，由比较抽象的东西来限制、修饰比较具体的东西；而英语文化的观察重心却往往是抽象的。如：Bitterness fed on the man who had made the world laugh。译文：这个曾使全世界发出笑声的人自己却饱尝心酸。

东西方国家之间，由于思维方式的不同，人们认识事物的出发点也不一样，各自语言的表达习惯也不一样。例如，中国人习惯说"四方"为"东西南北"或"东南西北"。英国人却习惯说"four cardinal points: north, south, east and west"。中国人以"南"为主，大概是由于"南面为王""北面为朝"的缘故。所以罗盘针明明是指北，却称"指南针"。

第二节 不同宗教文化背景下的翻译问题

宗教文化是人类文化的一个重要组成部分，与宗教信仰有关的习语也大量地出现在英汉语言中。在西方许多国家，特别是在英美，人们信奉基督教，相关的习语如"God helps those who help themselves"（上帝帮助自助的人），也有"Go to hell"（下地狱去）这样的诅咒。中国人说"菩萨保佑"，西方人则说"God bless you"，（上帝为我们祝福）；中国人说"天知道"，西方人则说"God knows"（上帝才知道）。对于宗教方面的差异，在英汉互译时应进行变通，或替代或释义或注解。例如，"临时抱佛脚"译为"Seek help at the last moment"，而"道高一尺，魔高一丈"译为"The more illumination, the more temptation."再如，谚语"Merry in Lent, and you will live to repent"（四旬斋结婚，悔恨终生）这一说法源于四旬斋（Lent）这一宗教节日：节日期间，基督教徒素食苦行，把斋期当作赎罪的神圣日子，因此人们认为斋期会给人带来厄运。具有宗教色彩的 cross 一词在英语谚语中的用法很多。谚语"Every man must bear his own cross（人人都得背自己的十字架）"。又如"The cross on his breast and the devil in his clothes（十字挂胸前，鬼魅藏心间）"。英语谚语中，有不少是来源于《圣经》的。例如，谚语"Every heart has its own ache（各人有各人的苦衷）"就是来源于《圣经旧约箴言》中的"Every heart knows his own bitterness"一句。再如，谚语"Forbidden fruit is sweet（禁果分外甜）"，语出《圣经创世纪》关于夏娃（Eve）在伊甸园偷吃智慧果（即禁果），惹恼上帝耶和华的故事。

在西方文化中，许多历史典故来源于古希腊和古罗马神话及圣经故事。如"You are lust a doubting Thomas. You won't believe what I tell you."这句话中的"doubting Thomas"源于圣经故事，"Thomas"是耶稣十二门徒之一，此人生性多疑，后来英语中使用它表示多疑之人。理解了其中的文化内涵，便可将其译为"你这个人真多疑，我说什么你都不信。"

汉语谚语："一个和尚挑水吃，两个和尚抬水吃，三个和尚没水吃"，可用英语中现成的成语："One boy is a boy；two boys are half a boy；three boys are no boy."谈到宗教文化对翻译的影响，最典型的例子莫过于《红楼梦》第六回中成语"谋事在人，成事在天"的不同译法。杨宪益、戴乃迭夫妇将其直译为"Man proposes. Heaven disposes."因为在佛教文化中"天"具有主宰万物的威力；而英国汉学家霍克斯把它意译为："Man proposes；God disposes."这两种译文考虑到不同的宗教背景采用不同的翻译方法。

另外，在很多英语国家中，基督教的影响甚远，人们的很多生活习惯、思想观念都受它的制约和影响。习语自然也不例外。《圣经》是基督教神论观点的经典之作。其中的一些人物和故事经过长时间的流传，逐步形成了习语，更加生活化地被人们运用到社会活动中；甚至一些经典的短句和词语随着时间而沉淀，被人们广为传颂，直接成为习语。此外，希腊神话、罗马神话和伊索寓言中的故事对于英语文学影响颇深，并且渗透到英语文化的各个领域，更为英语习语留下了很多成语典故。由宗教和寓言神话衍生的习语往往具有一定的文化背景和来龙去脉，深陷在文化的氛围中。如关于普罗米修斯（Prometheus）的习语"Promethean fire"（普罗米修斯之火——生命力）、"Promethean unguent"（能令人刀枪不入的神药），而"writing on the wall""make bricks without straw"（做无草之砖

第四章 不同文化差异背景下的翻译问题分析

——吃力不讨好的事情，根本做不到的事情），这些都是《圣经》留给英语的习语。与之形成对比的是，千百年来，我国受佛教影响很深，很多传说、神话都源于佛教。因此，汉语中有不少成语都与佛教有关。如"借花献佛""五体投地""放下屠刀，立地成佛"。

英国人类学家泰勒（Tylor Edward）在《原始文化》一书中提出了文化的经典定义：文化是一个复杂体，其中包括知识、信仰、艺术、法律、道德、风俗以及其余社会上习得的能力与习惯。人类所创造的一切都属于文化现象，语言属于，习语更属于，他们在发展文化的同时都深受文化各个方面的影响。

第三节 地域文化差异中的翻译问题

英汉民族在生存地域环境方面存在不小差异，如英国是一个岛国，历史上航海业一度领先世界，而汉民族在亚洲大陆生活繁衍，人们的生活离不开土地。语言承载着不同民族文化特色和文化信息，因此在英汉互译时需要注意地域文化差异对翻译的影响。

在我国，河水普遍是向东南方向流的，因此才有了"江春水向东流""请君试问东流水"和"大江东去"的诗句。但在欧洲，由于地形、地势的不同，河流大多向西北方向流入大海。所以中国的古诗"功名富贵若长在，汉水亦应西北流"（李白《江上咏》）就应该译成"But is sooner could flow backward to its fountains．/This stream，than wealth and honor can remain．"

在表达自然现象的语言中，汉语中"节气"的概念在英语中是没有的。常用的《现代汉英词典》中把"雨水"译成"Rain Water"，把"惊蛰"译成"Waking of Insects"，把"清明"译成"Pure and Brightness"，这些名称如不另加解释就没有什么意义。但有些"节气"的名称在英语中确实有相对应的词。例如：春分（Spring Equinox）、夏至（Summer Solstice）、秋分（Autumn Equinox）和冬至（Winter Solstice）。

在中国，自古以来便有"南面为王，北面为朝"，南为尊、北为卑的传统，人们经常说"从南到北，南来北往"，"南"的方位在说法上常常置前。而英语恰恰相反，英国人从地域文化上来理解汉语中的"从南到北"，汉译英时自然是"from north to south"。还有诸如"西北""西南""东北""东南"之类的方位词语，在英语中也与汉语相反，分别为"northwest""southwest""northeast""southeast"。

就"东风"与"east wind"而言，汉英两种文化里词语所指的意义相同，但内涵截然不同。在中国人的心目中，"东风"象征春天，有"东风报春"之说；而英国的"东风"则是从欧洲大陆北部吹来的，象征"寒冷""令人不愉快"，所以英国人讨厌"东风"。相反，英国地处西半球，报告春天消息的却是西风，英国著名诗人雪莱的《西风颂》（Ode to the West Wind）就是对春的讴歌。

在地域文化差异方面，再以一些谚语和习语为例来说明。中国自古以农立国，农业人口多，故不少谚语、习语跟农业有关。相比之下，英国是岛国，英国人喜欢航海，故不少谚语、习语源于航海事业。翻译这些谚语、习语也要根据具体情况采用不同的翻译方法。有些可以用直译法直接翻译，如 to go with the stream（随波逐流），Still waters run deep（静水流深），Hoist your sail when the wind is fair（好风快扬帆），A small leak will sink a great ship（小洞不补要沉大船）。所有的语言中都有比喻。例如，形容花钱大手大脚，英语是 spend money like water，而汉语是"挥金如土"。英语中有许多关于船和水的习语，在汉语中没有完全相同的对应习语，如 to rest on ones oars（暂时歇一歇），to keep ones head above water（奋力图存），to be all at sea（不知所措）等。可见，英汉两个不同的民族，由于地理环境不同，他们观察事物、反映客观世界的角度和方式并不一致。所以翻译切忌照词典上的词义逐词逐句对译，不合习惯的词会使信息出差错或使读者觉得美中不足。

第四节 社会习俗差异对翻译的影响

一、时间观念差异与翻译

由于英汉文化的差异，两个民族在时间观念上也存在着一定的差异。如英语中的"the latest news"译成中文就不能译为"最后消息",而只宜译为"最新消息"。类似的例子如 the latest discovery of sth.（最新发现）, the latest development of sth.（最新发展）等。此外, back（后）指过去的时间, 而用 forward（前）指未来的时间, 因此"look back"是"回顾过去", 而"look forward to"则是"盼望未来"。中国人恰恰相反, 如有句古诗"前不见古人, 后不见来者", 诗中"前"指过去,"后"指未来。因此, 在翻译时稍不注意就会造成误译。又如"可是我们已说到故事的后面去了","故事的后面"不能译成"behind the story", 英文不这么说, 英语里表达相同意思的说法和视角与汉语是相反的："ahead of the story"（把后面的故事提前说了）。因此, 这个句子可以译成"But we are getting ahead of the story."译者如果缺乏对英汉民族在时间观念上的差异的深入了解, 往往就会造成错误或误译。

二、数字文化差异与翻译

在社会生活中, 人们往往把一些本身不具有任何含义的东西赋予一定的含义。就数字而言, 西方人认为13、5是不吉利的数字, 它们代表"厄运", 把"周五"称作"black Friday"; 而中国人喜欢6, 认为"六六大顺", 在安排出行、喜庆之时要选择带6的日期。对于数字的翻译也是值得注意的。在汉语中, 数字"三、五、九、百"等在许多时候都不表示具体的数字, 而表示"多数", 所以在英汉互译时一定要注意理解汉语中数字的意思。如三番五次：again and again/time and time again；三天两头：almost everyday；三令五申：to have repeatedly issued order and given warnings；三思而后行：to look before you leap；三下五除二（形容做事干脆利索）：to be obedient in everything；万无一失：Nothing can possibly go wrong；九死一生：to have many narrow escapes by the skin of one's teeth。再从下面的对话取得启示：

——我听说您曾做过编辑？
——那是八百年前的老皇历了。

译为：——I heard that you had been an editor.

——That happened long time ago.

三、特有概念及习语差异与翻译

在英汉互译时，应更加注意在一种文化中所形成的特殊概念和习语，应保持原味，帮助读者理解。如"端午节那天，人们都要吃粽子"，粽子是中国传统食品，若直接翻译，对于不了解中国传统文化的西方人来说很难理解，应对该句加以解释，应译为: During the Dragon Boat Festival（which fall on the fifth day of the filth month），it is a common practice to eat Zongzi, which is a rice pudding wrapped up with weed leaves。对"黔驴技穷"（at one's wits'end）、"四面楚歌"（besieged on all sides or utterly isolated）这样的成语，重要的是先理解成语意思，再在英文中找到相应的词或词组。至于习语，也不要望文生义，如 sit at somebody's feel（拜某人为师）、have a big mouth（夸夸其谈）、apiece of cake（小菜一碟）、the kiss of death（帮倒忙）。

四、颜色词引申义差异与翻译

颜色词除了表示物体颜色外，还具有丰富的文化内涵。黄色在中国古代是皇帝的专用色，是至高无上的，有尊严、崇高的意思。但在英语中 yellow 却与怯弱、妒忌、猜疑、卑鄙等引申义有关，如 yellow belly（胆小鬼），be yellow with jealousy（嫉妒），yellow streak（胆怯、怯弱），a yellow dog（卑鄙小人），be too yellow to stand and fight（太胆怯而不敢奋起迎战），yellow looks（尖酸多疑的神情），yellow journalism（低级趣味的文字或耸人听闻的报道）。受西方文化的影响，汉语中黄色也代表着衰败、堕落、下流，如"黄色书刊"(blue books)、"黄色电影"(blue films)、"黄色录像"(blue video)。而汉语"黄"这个词的意思在英语中应是"pornographic（色情的），filthy（淫猥的），vulgar（庸俗的），obscene（淫秽的）"等。

紫色在英语中象征王位、显位、王权、地位或荣誉、高贵。英语中有 be born in the purple（出身王室），to marry into the purple（与皇室或贵族联姻），purple heart

第四章 不同文化差异背景下的翻译问题分析

（授予作战受伤军人的紫色勋章），raise somebody to the purple（立某人为帝王或升某人为红衣主教），a purple airway（皇家专用飞机跑道）。purple 还用于表示强烈的情感，如 to be purple with anger（气得脸色发紫），purple languages（辛辣的语言）。

红色在英汉两种语言中都表示喜庆与欢乐。在西方国家，人们把圣诞节和其他节假日称为 red-letter days（喜庆的日子）。red-letter days 与 to roll out the red carpet for someone（隆重欢迎某人），paint the town red（狂欢痛饮）都说明红色象征着喜庆。在英语中红色还常指负债或亏损，因为当账上和损益表上的净收入是负数时，人们就会用红笔登记，于是便有了 red figure（赤字），red ink（赤字），in the red（亏损），red balance（赤字差额）等说法。此外，红色还象征着危险、暴力和反动，如 red light（红灯），red light district（红灯区），red handed（沾满鲜血的），red-neck（反动的）。英语中 red 还可引申为残忍、灾难、气愤、潜在的危险、战争、死亡等，其引申义贬多褒少。red 也使人联想到暴力和流血。例如：have red hands（杀人犯），red ruin（火灾），a red battle（血战），Red Cross（红十字），Red Alert（空袭警报）。red 还可以表示警告，如 red light（红灯），red card（红牌）——罚球员下场。

英语中的 red 汉译时还有不与"红"对等的情况，比如：red herring（不相干的事），see red（生气），in the red（超支、负债），red cent（铜币），red meat（瘦肉），red tape（官僚作风、官僚文章）。中国古代常用"红颜""红粉"指代面容娇好的女子，用"红闺""红楼"指富贵人家女儿的闺阁。而在英语中，颜色"red"没有与"女子"相关的引申义，翻译时不能直译而要意译。"红颜"可译为"a beautiful girl"或"a pretty face"，"红粉"可译为"a gaily dressed gir"，"红闺""红楼"可译成"a lady's room"或"a boudoir"。汉语中的"红糖"在英语中为"brown sugar"，红茶为"black tea""红榜"为"honor roll""红豆"为"love pea""红运"为"good luck"等，其中的"红"与"red"没有任何关系。

英语中 white 的引申义表示吉利、清白、善意、正直等。例如，a white day（吉日），a white soul（纯洁的灵魂），This is very white of you!（你真诚实!），

white-handed（正直的），a white witch（做善事的女巫），white hope（被寄予厚望的人或事），a white lie（善意的谎言），a white man（忠实可靠的人）。white 还可用于形容心理情感的变化，如 white-hot（愤怒的），white feather（懦弱），white-faced（脸色苍白的），white heat（事态、情感等高度紧张状态）。汉语中"白"引申为空白、徒然、没价值。如"白费事"（all in vain, a waste of time and energy）、"白搭"（no use, no good）、"白送"（give away free of charge, for nothing）、"白手起家"（to build up from nothing）、"白费力气"（to beat in the air）、"白痴"（idiot）。汉语中的"白"还是反动势力的象征，如"白旗""白色恐怖""白军"等。

黑色在英汉两种语言里都一般指坏人、坏事，如黑市（black market）、黑心肠（black heart）、黑名单（black list）。英语中 black 也可以表示暗淡的、暗无天日的、毫无希望的、不幸的，如 black future（前途暗淡），black dog（抑郁不开心的人），black Friday（不吉利的星期五），be in someone's black books（失宠、受贬黜）。还可以表示阴郁的、忧闷的、令人无限悲哀的：black in the face（脸色铁青），a black voice（极为低沉的嗓音），be in a black mood（情绪低落）。也可以表示极可恶的、坏透的、顽固不化的、不可饶恕的：black sheep（害群之马），black-hearted（邪恶的，阴险的），black humor（荒唐、病态的幽默）。另外，黑色在英语中还表示盈利，它和红色一样也是记账时所用墨水的颜色。如 black figure，in the black 都表示盈利、赚钱等。汉语中的"黑"常含有反动、邪恶等贬义色彩，如黑幕（inside story of a plot）、黑帮（reactionary）、黑手（evil backstage manipulator）、黑钱（ill-gotten money）、黑店（an inn run by brigands）、黑心（evil mind）、黑话（argot, cant）、黑道（dark road）、黑货（smuggled goods）、黑会（clandestine meeting）、黑枪（illegally possessed firearms）、黑死病（the plague），以上的"黑"英译时均与 black 无关。

绿色在英语中的寓意十分丰富，褒贬都有，常用来表示没有经验、未成熟、幼稚可欺之意，如 green hands（新手），be looking green（看上去很苍白），green corn（嫩玉米），green horns（新到某地的人，新来的移民），green as grass（无生活经验），green ass（没有经验的，乳臭未干的），green horn（生手、新手，易受骗的

第四章 不同文化差异背景下的翻译问题分析

人)。green 还是青春、希望和生命的象征,如 a green old age(老当益壮),be in the green(血气方刚),keep one's memory green(长记不忘),green years(青春年华),green trees(常青树,生命树),a flesh and green memory(清新而栩栩如生的回忆)。

green 还令人联想到大自然和绿色植物。如 green house(温室),green sward(草地),green belt(绿带),green fingers(园艺能手),green staff(蔬菜类),Green Peace(绿色和平组织)。绿色在汉语中象征着生命、青春、环保、和平、友善、恬静清新、宁静和谐。如绿油油(flesh green)、绿葱葱(green and luxuriant)、绿生生(flesh and green)、绿化(make green by planting)、绿色革命(the Green Revolution)、绿色食品(green food)、绿荫(green shade)、绿茵(a carpet of green grass)、绿茵茵(green verdant)、绿莹莹(glittering green)。

蓝色这一颜色词在英语中也有很多种意思,意义也很丰富。它在英语中常用来表示社会地位高、有权势或出身贵族或王族,如 blue blood(指有贵族血统的人),blue book(名人录),blue ribbon(头奖,最高荣誉);另外,blue 还有"可靠的、忠诚的"的意思,如 blue chip(蓝筹股,可靠的股票),true blue(忠心不二的),这些都体现了 blue 的褒义用法。而 blue box(蓝盒,即为逃避交付电话费而暗设的一种违章长途通话电子装置),blue moon(不是蓝色的月亮,而指很长的时间),这些都可以看作中性用法。blue 在贬义用法中通常表示"忧郁""不快",如 in the blues(闷闷不乐),blue Monday(抑郁的星期一),feel blue(感到悲伤),be blue about future(对未来悲观),Her mood is blue(她情绪低落),be down with blues(沮丧不振),sing the blues(悲观,垂头丧气)。另外英语中 blue 可引申为不道德、下流和色情等。在比喻色情时,英语中不用 yellow,而用 blue movie(黄色电影),blue jokes(下流玩笑),blue software(黄色软件),blue video(黄色录像)等。在经济词汇中 blue 可以表示不同的意思,如 blue books(蓝皮书),blue sky market(露天市场),blue collar workers(从事体力劳动的工人)等。英语中还有很多由 blue 构成的词语,汉译时全无"蓝色"之意。如 blue alert(空袭警报),blue chip(热门股),blue blood(出身高贵),blue-eyed boy(宠儿),once in a blue moon(千载难逢),blue coat(警察),blue stocking(女才子),blue-sky(空想的，不切实际的），talk a blue streak（连珠炮似的说），like a blue streak（非常快地，很有效地），into the blue（无影无踪），till all is blue（到极点，无限期地）。

五、动物的比喻和联想意义差异与翻译

由于社会习俗、文化传统、劳动方式的不同，人们对动物的比喻及联想意义也有不小差异。

狗在汉语文化中是一种卑微的动物，汉语中有"狗仗人势""猪狗不如""狼心狗肺""狐朋狗友"等含有贬义和辱骂性质的成语。在西方国家，人们常把狗看作他们的朋友，甚至把狗看成他们家庭中的一员，常把狗称作 she（她）或 he（他）。如 a lucy dog（幸运儿），a joily dog（快活的人），a lazy dog（懒汉），top dog（重要人物），Every dog has his day（凡人皆有得意时），He works like a dog（他工作努力），Love me, love my dog（爱屋及乌）。

而中国人十分喜爱猫，用"馋猫"来比喻人贪嘴，常有亲昵的成分。而在西方文化中，"猫"被用来比喻"包藏祸心的女人"，如 old cat（脾气坏的老太婆），Cats hide their claws（知人知面不知心）。

在中国，山羊被看作一种老实的动物，如"替罪羊"；而英语里"goat"却含有"色鬼、好色之徒"的意思。杜鹃是报春鸟，令人感到愉快；可英语中的"cuckoo"却是指傻子。

汉语中的"蝴蝶"和"鸳鸯"往往象征着"忠贞的爱情"，由此引起人们许多美好的联想，如"梁山伯与祝英台"在海外就被译为"the butterfly lovers"；可英语中的"mandarin duck"却没有任何意义。

中国人极其推崇龙，把它视为权力、力量和吉祥的象征。汉语中出现了许多含有褒义的成语，如龙飞凤舞（bold cursive calligraphy）、龙颜（face of emperor）、龙袍（imperial robe）、龙腾虎跃（scene of bustling activity）等。在西方，dragon 所引起的联想是邪恶，是一种恐怖的动物（英语词典的释义为 mythical monster like reptile），应予以消灭。

第四章　不同文化差异背景下的翻译问题分析

牛在我们的心目中是勤劳、坚忍、任劳任怨的动物，汉语中有"牛劲""牛脾气""牛角尖""牛头不对马嘴"等词语，在英语中却很难找到相应的喻体。英国古代主要靠马耕，牛在英国主要是用来产奶的，因此英语中关于马的俗语有不少，如 as strong as a horse（健壮如牛），horse doctor（蹩脚医生），horse laugh（纵声大笑），horse sense（基本常识），work for a dead horse（徒劳无益）等。由于彼此的生产方式不同，在表达同一意思时汉语的"牛"往往和英语的"horse"相对应，如汉语的"吹牛"与英语的"talk horse"相对；汉语的"牛饮"在英语中就是"drink like a horse"；"饭量大如牛"对应英语的"eat like a horse"。两种语言在表达上算得上"殊途同归"了。

在翻译"He is a bear at languages."时，由于在汉语中，与熊有关的词汇蕴含着"窝囊、没本事"等意味，如"瞧他那个熊样儿""真熊"等，会误译为"他没有语言天赋"；而实际上，在英语中，"bear"常指非常强大或有特殊才能的人，因此正确的译法应是"他是个语言天才"。

在中国，人们把猫头鹰看作厄运的象征；把它的叫声与灾难和死亡相联系。民间谚语有"夜猫子（猫头鹰）进宅，无事不来；夜猫子抖搂翅，大小有点事"的说法。在英美文化中，猫头鹰被看作智慧鸟，是"冷静""智慧"的象征；在儿童读物中，猫头鹰的形象是沉着、冷静、严肃和聪明的，习语 as wise as an owl 便充分说明了这一点。

peacock（孔雀）在汉语含有褒义，孔雀开屏在中国人看来是吉祥的象征；而在英语中则含有贬义，主要指骄傲自负、打扮入时、喜欢显示炫耀自己的人。它并不强调其美丽的一面，而强调它骄傲的一面。英语中还有 the young peacock（年轻狂妄的家伙），proud as a peacock 等用法。

中国文化中，蝙蝠被认为是"幸福""吉祥"和"健康"的象征。因为蝠与福同音，而红蝙蝠更是大吉大利的先兆，因为"红蝠"与"洪福"谐音。但是在英美文化中，蝙蝠却是一种丑陋邪恶的动物，总是把它与罪恶或黑暗势力联系在一起，特别是 vampire hat（吸血蝠），提起来就令人毛骨悚然。因此与蝙蝠有关的词语大多含有贬义，如 as blind as abat（有眼无珠），have bats in the belfry（异想天开），crazy as a bat（精神失常）等。英美人对蝙蝠的联想意义很像我们对猫头鹰的联想意义，又怕它，又讨厌它。

在英美文化中，狮子被认为是百兽之王，其形象是勇敢、凶猛和威严的。英国国王 King Richard 由于勇敢过人，因此被称作 the Lion Heart。英国人以狮子作为自己国家的象征，The British Lion 就是指英国。英语中有许多与 lion 有关的习语，如 play oneself in the lion's mouth（置身虎穴），come in like a lion－go out like a lamb（虎头蛇尾），like a key in a lion's hide（狐假虎威），lion hearted（勇敢的），a lion in the way（拦路虎）等。然而在中国，由于人们对狮子不熟悉，相当于狮子地位的动物是老虎。汉语中的老虎多具有"勇猛""威武"的含义，如生龙活虎、虎视眈眈、龙争虎斗、虎虎有生气等。汉语中的"拦路虎"，译成英语就是 a lion in the way；汉语的"虎口拔牙"，译成英语则是 bear the lion；汉语说"虎穴"，译成英语就成了 lion's mouth。

由于生产生活方式的不同、地域的不同，动物对人们所起的作用不同，相同的动物在不同的语言环境中所表达的内容则不尽相同，英汉互译时一定要符合双方的语言历史文化，不能只看表面的单词，而忽视了内在的文化含义。

六、习惯用语差异与翻译

习惯用语是日常交际中经常使用的，在意义上整体化和抽象化了的固定词组，是不可分割的统一体，其整体的意思往往不能从组成惯用语的各个词的原有意思中猜测而得。一般而言，惯用语的各个组成部分不可任意拆开或替换。但是某些惯用语，在特殊情况下，容许做些变动，从而增添活用性。熟悉和掌握英语的惯用法和搭配会对翻译有所帮助，可以帮助人们改正本民族语言和文化的影响而产生的错误，避免直译或不合习惯的类推，从而提高翻译的质量。如不知 red tape 表示"繁文缛节、文牍主义、官僚作风"的话，那就很有可能直译为"红带子"。

习惯用语是人们经过长时间的使用而提炼出来的固定短语或短句，是人民智慧的结晶。英语和汉语是两种高度发展的语言，因而都拥有大量的习惯用语。它们大都具有鲜明的形象，适宜用来比喻事物，因而往往带有浓厚的民族和地

第四章 不同文化差异背景下的翻译问题分析

方色彩。习惯用语有的意思明显；有的富于含蓄，意在言外，可引起丰富的联想；有的可能包含几个意思，必须根据上下文的具体情况来明确它的意义。习惯用语既是语言中的重要修辞手段，其本身也是各种修辞手段的集中表现。不少用语前后对称，音节优美，韵律协调。由于习惯用语具有这些特点，翻译时就应当尽量保持这些特点。译者除了忠实地表达原文习惯用语的意义外，还应尽可能保持原语言的形象比喻、丰富联想、修辞效果以及其民族、地方特色等。习惯用语不仅大量出现在文艺作品里，在政治和科学论文中也同样经常碰到。其翻译好坏对整个译文的质量有直接的影响。因此，如何理解习惯用语是翻译中一个极为重要的问题。

习惯用语的英译汉有三种主要方法：直译法、英汉套译和意译法。

直译法，即在不违背译文语言规范以及不引起错误联想的条件下，在译文中保留英语习惯用语的比喻、形象和民族、地方色彩的方法。有时尽管英语习惯用语的比喻、形象对汉语读者可能比较生疏，但由于它在一定上下文中具有强烈的政治意义，或有明显的西方民族、地方、历史等色彩，所以也应采用保留原文表达方式的直译法。用这种方法处理习惯用语，把西方习惯用语移植到汉语中来，往往可以丰富译文语言，如 sour grapes：酸葡萄；a die-hard：死硬派；a gentleman's agreement：君子协定。

英汉套译，有的英语习惯用语和汉语同义习惯用语在内容和形式上都比较接近，双方不但有相同的意义和修辞色彩，而且有相同或大体相同的形象比喻。在英译汉时，如遇到这种情况，不妨直截了当地套用汉语同义习惯用语。

(1) 英汉语有完全相同的形象比喻，如 to add fuel to the fire：火上浇油；to be oil thin ice：如履薄冰；walls have ears：隔墙有耳。

(2) 英汉语有大体相同的形象比喻，如 to laugh off one's head：笑掉大牙；to shed crocodile tears：猫哭老鼠；six of one and half a dozen of the other：半斤八两。

意译法，如果不可能或没有必要用直译法保留英语习惯用语的表达形式，并且在汉语中也找不到合适的同义习惯用语可供套用，就得用意译法配合上下文把英语习惯用语的含义表达出来，如：

例1：The teenagers don't invite Bob to their parties because he is a wet blanket.

青少年们不邀请鲍勃参加他们的聚会是因为他是一个令人扫兴的人。

例2：Among so many well-dressed and cultured people, the country girl felt like a fish out of water.

同这么多穿着体面而又有教养的人在一起，这位乡下姑娘感到很不自在。

又如：

例3：All right, I blame myself. But it's the last time. We were cat's paws, that's all.

得了，怪我自己瞎了眼。可是我再也不干啦。我们上了人家当，没别的。

七、谚语差异与翻译

谚语指的是民间流传的简练而固定的语句，常常是用简单通俗的话反映深刻的道理。其特点在于民间流传的谚语含有明晰的哲理性，具有一定的教育意义和普遍的认同性，既可以是历史经验的总结，道德规范的倡导，也可以是前车之鉴的教训。例如，A friend in need is a friend indeed.（患难见真情）；Birds of a feather flock together.（物以类聚，人以群分）；Blood is thicker than water.（血浓于水）；Never too old to learn, never too late to turn.（亡羊补牢，为时未晚）；Good for good is natural, good for evil is manly.（以德报德是常理，以德报怨大丈夫）；He laughs best who laughs last.（谁笑到最后，谁笑得最好）；Like father, like son.（有其父必有其子）等。因此，人们常说，谚语是一个民族智慧的结晶。不同民族的谚语既具有一定的共识性，又具有不同程度的差异性。这也是人们在翻译谚语时常常感到困难重重的根本原因之所在。这里主要就英语谚语的汉译探讨几种方法。

（一）直接翻译法

所谓直译，就是在符合译文语言规范的基础上，在不引起错误联想和误解的情况下，保留英语谚语的比喻、形象及民族特色，译出的汉语要有谚语味。一般

第四章 不同文化差异背景下的翻译问题分析

来说，直译最能保留原语的异国情调及风姿。像下面这些直译过来的英语谚语，早已起到了丰富汉语语言的作用，并且已为我们日常所用，如：

Hear much, speak little.

多听少说。

英语的比喻结构中，明喻、暗喻和部分换喻可以用直接翻译法，即在不违背译文语言规范以及不引起错误联想的条件下，在译文中保留英语谚语原有的色彩与形象。

明喻（simile），就是把本体（tenor）和喻体（vehicle）通过比喻词（like, as, than, and, the same 等）联系起来，即把甲事物直接比作乙事物，以便使事物的形象更加生动、逼真，说理更加透彻，更加具有说服力。这是英语谚语汉译的最常用方法。一般用"如同，就像"或直接用"是"之类的汉语句式翻译，如：

例1：A man of words and not of deeds is like a garden full of weeds.

只说不做的人，犹如光长野草的花园。

例2：Living without an aim is like sailing without a compass.

无目标的生活，就像无罗盘的航行。

暗喻（metaphor），或称隐喻，把要说明的事物比喻成另一种具有鲜明的同一特点的事物，从而更形象、更深刻地说明事理，增强语言的表现力和感染力。暗喻不用上述比喻词，让人直接产生联想。暗喻与明喻稍有不同，就是说本体与喻体无须比喻词而直接联系起来，即把本体直接说成喻体。通常，英语谚语的暗喻结构最好的翻译方法是直译，用"如同，就像"或直接用"是"之类的汉语句式翻译。如：

例1：Zeal without knowledge is fire without light.

没有知识的热心，如同没有光的火。

例2：Deeds are fruits。words are leaves.

生活并非玫瑰花床（人生并非一帆风顺）。

例3：All that glitters is not gold.

闪闪发光的东西未必都是金子。

例4：Plain dealing is a jewel.

光明磊落是瑰宝。

暗喻的使用，使得英语谚语具体生动，形象鲜明。其论理恰到好处，论事明白易懂，起到了警醒人、教育人的功效。有趣的是，前辈在翻译 Time is money 时，不主张套用"一寸光阴一寸金"。理由是谚语 Time is money "……宣扬功利主义，带有资产阶级的铜臭味"。而今天，人们不再持此态度了，足见英语谚语翻译时的语用意义的变迁，地方文化色彩的转变。

（二）英汉同义翻译法

在古老文明的汉语文化中，有一些在意义上、形象上、表意形式上与英语谚语相同或基本相同的汉语谚语。这是因为，由于各民族之间通过文化交流，一些外来语被汉语吸收和消化，使之成了汉语语言的一部分。例如，汉语成语"以眼还眼，以牙还牙"的原语就出自《圣经·旧约全书》里的英语谚语"eye for eye, tooth for tooth"；"条条大路通罗马"出自"All roads lead to Rome"等。再者，由于人们在社会生活、劳动实践中对同一事物或现象所产生的相同感受和理解，反映到谚语中便出现了英汉谚语中的"巧合"现象。既然有这种"巧合"，我们就应尽量套用，这样既可忠实地表达原句内涵，又可使译文不失谚语的形式及特性，为读者所接受运用，例如，童愚吐真言：Children and fools tell the truth；近墨者黑：He that touches pitch shall be defiled；物莫如新，友莫如故：Everything is good when new, but friends when old；施恩勿记，受恩勿忘：If you confer a benefit, never remember it, if you receive one, remember it always。

这就要求译者不仅能够准确无误地理解原文的意思，还要有较深厚的文学功底，掌握一定数量的中、英文谚语，并且能够较熟练地运用这些谚语。因此，这些貌似简单的谚语要求译者的翻译功底达到一定的水平，否则，在翻译的过程中将会困难重重。

英语修辞中的拟人也是一种比喻，拟人（personification）是把人以外的无生命之物或有生命之物当作人来描写，把本来只适用于人的动词、形容词、名词或

第四章 不同文化差异背景下的翻译问题分析

代词等用于事物，令人感到非人的事物具有人的属性，即把无生命的事物或抽象概念看成有生命的人或物。在翻译时一般可以套用汉语谚语，如：

例1：Industry is the father of success.

勤勉乃成功之父。

例2：Truth is the daughter of time.

真理是时间的女儿。

这些谚语中的抽象概念 failure，industry，necessity，truth 与 success，invention，time 之间被亲属关系（mother，father，daughter）联系起来。运用拟人这一修辞手法，英语谚语中的抽象事物就具有人的五官、四肢的功能，会说会笑、能跑能跳，产生了生动有趣的具体形象。译语同样具有原语形象和色彩，既注意了语言的艺术性，又兼顾了其民族性。

(三) 意译转换法

有时，英语谚语在汉语中无法找到对等的谚语表达法，采用直译法又不能表达其真正的含义，就只能根据英语谚语的主要意思进行翻译，这时，原语中的词性、词义、结构等概念性因素难免需要做些调整和引申。这里的意译转换法即指这样的情况。当然，前面对等翻译法在某种意义上说，也是意译转换方法的一种。不同的是，对等翻译法强调了谚语形式和表达效果的对等，而意译转换法侧重谚语本身含义的转换和引申。此外，既然是转换和引申，就包括了词性、词义、结构以及风俗习惯等多方位的变换。例如，英语谚语 A stitch in time saves nine. 若译成"小洞不补，大洞吃苦"则为意译转换，若译成"及时一针省九针"，就成为直译完善法了。又如 Diamond cut diamond. 直译为"钻石切割钻石"，读者不会明白其中的意思，因此，选用"强中自有强中手"来翻译这个谚语就很贴切而且明白易懂，如：

例1：A drowning man will clutch at a straw.

病急乱投医。

例2：Evil will never said well.

狗嘴里吐不出象牙来。

英语中的换喻也常用这种意译。英语中的换喻，与汉语相对应，我们把它译为"换喻"或者"借代"，是指用一种事物的名称来代替另一种事物，这两种事物虽不相类似，但有着不可分离的关系。换喻指某一事物改由属性或与之有密切关系的事物来表示。也叫转喻，即对某一事物不直呼其名，而用另一与之有密切关联的事物来代替它。也有的书本称"换喻"为"借代"，换喻的一个重要特征是其有联想意义。这类谚语翻译时既可直译，又可意译，还可以套用汉语谚语，但要加注或加以解释，否则译语的读者因为语言文化的巨大差异，难以理解，无法产生联想，如以下几例：

例1：Caesar's wife must be above suspicious.

身为恺撒妻，务必无可疑。（恺撒是古罗马著名将军，其妻与某一案件有牵连，遭其遗弃，以证明自己与犯罪无关。Caesar's wife 被用来比喻 a person who has close relationship with a great man 与伟人关系很近的人。）

例2：Who keeps company with the wolf, will learn to howl.

跟狼在一起，就会学会狼叫。（这里的 wolf 狼在英语中代指 an evil person 坏人。）

例3：No cross, no crown.

不经苦难，哪来胜利？（Cross 在基督教里代表十字架，也代表耶稣基督，《圣经》中记载耶稣基督历经磨难，被钉死在十字架上。crown 在英语里代表王冠，是胜利的象征。）

例4：If a donkey brag at you, don't brag at him.

别和蠢人一般见识。（这里的 donkey 驴子在英语中暗含 a foolish person 愚蠢的人之意，因此，一提到 donkey 就会使人联想到 fool 蠢人。该谚语就是借用 donkey 来代指 fool。）

例5：Homer sometimes nods.

智者千虑，必有一失。（Homer 荷马是古希腊著名诗人，也是 wiseman 智者的代名词，这里借用 Homer 来代指 wiseman，生动地说明了"人有失错，马有失蹄"这一道理。）

第四章 不同文化差异背景下的翻译问题分析

例6：Rome was not built in a day.

冰冻三尺，非一日之寒。（该谚语也经常直译为"罗马不是一天建成的"，其中 Rome 代指宏伟事业、伟大成就。这句谚语教导我们：要成就大业，既需要时间，又需要有锲而不舍的精神。）

无论是习惯用语还是谚语，在运用上述三种方法时还必须注意以下几点。

(1) 汉语和英语中有许多习惯用语及谚语反映各自的民族或地方色彩，英译汉时一方面应当注意保存这种特色；另一方面应当注意不要用汉语中具有鲜明民族、地方色彩的习惯用语硬套英语的习惯用语，以免把汉语的民族或地方色彩强加到译文中去，以致和原作的上下文形成矛盾。例如，Two heads are better than one 和汉语习惯用语"三个臭皮匠胜过诸葛亮"虽然有相同的意义，但在英译汉时不应套用后者，因为诸葛亮是我国的一个历史人物，与原作上下文会形成矛盾。如果把它译为"一人不及两人智"就比较合适，意思既不走样，又可避免因民族色彩所引起的矛盾。

(2) 有些带有浓厚民族色彩、地方色彩或具有典故性的英语习惯用语及谚语，译成汉语时必须加注才能交代清楚原意。例如，仅仅把 To carry coals to Newcastle 译为"运煤到纽卡索，多此一举"，还是不够的，因为这里虽然已加上"多此一举"来揭示前半部比喻的含义，但读者对"纽卡索"还是不能理解，必须加注，说明"纽卡索"是美国的一个产煤中心地，运煤到纽卡索是多余的事。

(3) 英语习惯用语或谚语常常以缩略的形式出现，如以下几例：Jack of all trades and master of none（杂而不精的人），可缩略为 Jack of all trades，含义不变；If you run after two hares, you will catch neither（脚踏两头船，必定落空），可缩略为 To run after two hares，含义也不变；It's no use crying over spilt milk（作无益的后悔），可缩略为 To cry over spilt milk，含义也不变。

译者必须首先熟悉这种英语常用习惯用语并注意其简化现象，才能为英语简化习惯用语的汉译创造条件。

由此可见，在日常翻译教学中，必须既帮助学生准确、连贯、清楚地用汉英互相表达，又通过翻译练习提高他们的英语兴趣，拓宽他们的知识面。总之，了解所教学生的文化及语言知识水平，可以帮助教师找到更好的翻译教学方法，有步骤、有计划地引导学生，在大量实践的基础上，使学生能直接、迅速地吸收并掌握知识及方法，提高翻译水平。

第五章　英语教学的三个层次

第一节　英语教学的文化层次

实际上，学习语言的过程是学习者了解及掌握语言所蕴含的文化背景知识的过程，从这个角度来看，语言教学的重要内容之一就是文化教学。可以说，一个人运用语言的实际能力，直接受到他掌握该语言国家文化知识的熟练程度。由此可以看出，对教学进行改革，就要注重开展大学英语文化的教学，尤其应加大对学生交际文化素质的培养，从而使学生的能力达到社会的要求，在跨文化的交际中，能够顺利地、有效地、得体地进行沟通。

一、文化教学的内涵

要想使学生真正彻底地掌握一门语言，英语教师在教学改革的过程中，除了传授给学生最基础的语言技能、知识，还要想方设法地帮学生了解、熟悉、掌握语言背后所包含的文化知识。

（一）文化教学的含义

文化教学指的是在语言教学过程中融入该语言国家的文化知识、文化背景等的教学方式。文化教学包括文化知识和文化理解两个方面，学习文化的开始是对文化知识的掌握，而促进语言交际成功的关键是对文化的理解。

（二）文化教学的原则

一般来说，大学英语文化教学有两个层面内容，即非语言内容和语言内容。为了避免在实际交际中，大学生因文化差异而出现语言障碍，教师必须注重表 5-1

所示原则的运用。

表 5-1 文化教学的原则

原则	含义
适度性原则	适度性原则是针对文化教学过程中运用的教学材料和教学方法来说的。教学方法的适度性是指教师应该创造机会来帮助学生进行探究，教学材料的适度性是指文化教学材料的选择要能够代表其语言国家的主流文化。适度性原则要求教师做到以下几点：把握住文化知识的针对性，避免占用过多的教学时数，把握好其教学时间；在实际的授课过程中，遇到文化障碍问题的时候，教师应该对遇到此障碍问题的文化背景进行介绍，并且为以后教学中遇到此类相同或者相似的障碍扫清道路；适度地教授学生习得所需要的文化内容
认知原则	主要包含两个层面：一是主要涉及英语社会和文化知识的培养；二是涉及识别力、观察力等某些特殊能力的培养。认知原则的着重点在于理解，而不在于行为表现。在英语语言中，很多习语、谚语、典故等来源于神话故事、圣经故事、文学故事等。如果学习者对这些故事不熟悉的话，就很难弄懂整句话的实际含义。而认知原则就是强调对目标与文化要了解和熟知。在大学英语文化教学中，教师应着重培养学生发现、分析、总结目标与文化的能力，并最大限度地让学生掌握西方文化的特征以及中西文化的差异。当然，教师也可以鼓励学生在授课之前尽可能地搜集一些关于文化背景的资料；或者在课堂之后写一些关于其文化的论文
实用性原则	在实际的文化教学中，教师首先应该对教学对象进行分析，对日常交际情况进行了解，然后选择恰当的文化教学内容进行课堂授课。简单来说，文化教学中要注重实用性原则。所谓实用性原则，就是主要教授的是一些与学生所学内容以及跨文化交际内容相关的文化知识。另外，文化教学的实用性原则还要求文化教学的内容要具有代表性，因此所选取的文化内容也是代表该国家的主流文化，而不必将该国家的文化介绍得面面俱到。英语教师恰当地运用实用性原则，能激发学生学习语言与文化的兴趣，有助于学生将课堂、课外学习的知识转化成一种语言技能，从而应用于文化交际中；能避免学生认为语言与文化的关系是抽象、空洞的关系
层次性、循序渐进性原则	大学英语文化教学有层次性、阶段性，这就需要在文化教学中应该遵循层次性、循序渐进性原则。教师应该根据学习者的实际语言水平、接受能力来确定教学内容。在难易程度上也应该具有层次性，即从简单到复杂、从浅显到深层、从具体到抽象

第五章 英语教学的三个层次

续表

原则	含义
对比性原则	在大学英语文化教学中，教师应该遵循对比性原则，即引导学生将英语文化与本国文化进行对比，帮助学生发现、分析两国文化的差异。通过对比，学习者可以加深对不同文化概念的理解，避免在实际的交际中出现文化不当行为；可以避免将自己国家的文化带入英语国家文化情境中；可以避免出现种族主义；有助于不同阶层的学习者提高对文化的理解力。总之，在文化教学中，教师应该引导学生多搜集一些文化背景的资料，对中西文化的差异进行了解和对比，从而帮助学生积累丰富的文化知识
交际性原则	教师在实际教学中应该考虑到其"交际性"。对交际性原则的遵循，就是要求教师传授给学生的应该是那些易于理解和使用的并且有助于学生顺利进行交际的文化知识
灵活性原则	在大学英语文化教学中，教师应该遵循灵活性原则，根据不同学生的情况，按照不同的教学要求，选择灵活的教学手段，这样可以极大地调动学生的兴趣和积极性。例如，教师采用的教学手段可以是角色扮演、文化专题讲座、小组讨论等。在大学英语教学中，教师可以将课内和课外相结合，在课堂内部内容丰富的前提下展开多样的课外活动。在这些实践活动中，学生可以掌握恰当的语法结构、语义结构以及如何在恰当的场合运用语言，同时也可以避免交际中的误会，增强两种文化的交融和理解

（三）文化教学的内容

大量中外学者论述与研究了大学英语文化教学的内容，取得的研究成果见表5-2。

表5-2 中外学者的研究成果

学者	研究成果
左焕琪	认为文化教学内容包括：重大的历史事件；地理概况；包括饮食、文体活动以及购物等在内的行为文化；涉及就业、工作场所的规章制度、婚姻情况、服饰文化等各阶级、阶层的社会生活特征；涉及政治、经济、教育、民族等基本特征；包含表情、手势等一些非语言特征；涉及文学艺术、建筑文化、音乐美术等建筑特征；以上各项与本国文化的差异性特征
弗莱斯	论述了文化对语言教学的作用，并且以语言教学作为出发点，提出将文化的内容加入语言教学中。对于文化教学的内容，他着重强调了两个层面，即有关民族的文化以及生活情况。他认为这两个方面不应该仅仅是语言课堂上的附加成分，而应该是贯穿于语言学习的各个阶段，并且是不可或缺的组成部分

续表

学者	研究成果
斯特恩	指出语言学习者需要学会以下六种文化教学的内容：微观层面（个体及生活方式）；宏观层面（民族和社会）；地理；历史；习俗、制度；音乐、艺术、文学及成就
拉多	明确指出语言是文化的一部分，因此教好语言的前提就需要掌握语言的文化背景，从而习得文化的规则与模式，从而保证能够正确、得体地进行交际。根据文化教学目的的不同，拉多将文化教学分成初级意义单位、虚假定式、伟大成就三个层面的内容
查斯顿	主张从狭义层面的文化入手，然后逐步向广义文化扩展。为了讲授狭义层面文化的内容，他总结了44个主题，将其进行规划为以下几种：父母、青年、亲戚、朋友、交通、穿着、金钱、恋爱、婚姻、职业、教育、饮食、文娱、宗教、人口、环境、法律、报纸、度假、广告、政治、纪律、死亡等。这一概括的主题是相对全面的，基本上包含了人们生活中的所有内容

相对于西方文化所涉及的广泛的、多样的、复杂的内容，我国学生的精力与时间极其有限，这就要求英语教师在教学过程中，恰当取舍化教学的内容，而不是包罗万象，什么都讲。在教学过程中，英语教师可以重点讲解英美国家相关的文化，而简要概述其他国家的文化。同时，英语教师应该教授那些相对容易掌握且实用性强的内容，从而达到使学习者能够无障碍地与西方人交流的文化教学的目的。表5-3对文化教学的内容进行了总结。

表5-3 文化教学的内容

文化教学分类	具体的文化教学内容
观念文化	1.艺术，如美术、建筑、音乐等
	2.宗教，如基督教、天主教等
	3.地理历史，如英美地理、历史等
	4.哲学，如哲学简介等
	5.科学技术，如世界科学技术发展简史等
	6.文学，如英国文学、美国文学等
	7.价值体系，如英美价值体系等
制度文化	1.政治制度，如英国政治制度、美国政治制度等
	2.经济制度，如英国经济制度、美国经济制度等
	3.法律制度，如英国法律制度、美国法律制度等

续表

文化教学分类	具体的文化教学内容
制度文化	4.礼仪，如英国礼仪、美国礼仪等
	5.生活习俗，如英国习俗、美国习俗等
物质文化	1.饮食，如英国饮食简介、美国饮食简介等
	2.服装，如英国服装流派、美国服装流派等
语言文化	1.习语、谚语
	2.英美词语内涵
	3.语篇结构

二、文化教学的现状

随着我国不断加深与世界其他各国和地区的交流，人们越来越离不开跨文化交际，英语教师在大学英语教学过程中，也越来越关注文化教学。目前，我国大学的文化教学存在很多问题，下面将进行逐一分析。

(1) 文化教学的发展受到应试教育的阻碍。

文化教学的发展受到应试教育的阻碍，主要原因是：大学阶段的四、六级考试和其他考试是将英语文化知识的考核抛之于外的。一般来说，这些考试忽视考核学生的文化知识，仅仅注重考核学生的语言知识。

(2) 英语教师相当欠缺文化教学意识。

作为文化教学的关键因素，教师应该学贯中西，具备丰厚的语言功底。虽然大多数英语教师都是毕业于英语专业，但是他们的文化教学意识仍旧非常薄弱，功底也不强。这其中主要包括以下两方面的原因：一是我国目前大多数英语教学接受的都是传统的、单纯的英语教育，因此教师的教学观念也是存在明显的偏差。在实际英语教学中，教师始终坚持培养学生纠正语言形式、运用语言形式，但是这种运用并没有强调其得体性，因为他们对英语文化知识的介绍寥寥无几；二是我国的绝大多数英语教师并不是母语学习者，缺少实际英语学习的大环境，自身对跨文化知识掌握的就很零散。再加上他们忙于沉重的教学任务，也没有过多空闲的时间进行文化教学研究，教师本身就严重缺乏文化知识，只能选择对文化教学知识的放弃。

(3) 文化教学内容的片面性较强。

如今，在一些大学中，的确有英语教师在教学过程中引入了文化教学，但是很多时候，他们的教学内容具有较强的片面性。他们错误地认为文化教学的全部内容就是文化背景知识，其实文化教学往往涉及相当广泛的内容。同时，他们在教学时通常采用灌输的方法，几乎从来不使用启发的方法，这样的教学效果可想而知。虽然在正常教学过程中，英语教师不可能详细讲解英语文化的所有内容，但是教师最起码要教会学生得体地在特定的文化情境中使用英语。

(4) 学生的学习积极性不高。

学生在传统教学过程中始终处于从属地位，主导地位始终被英语教师牢牢占据着。习惯了灌输式的课堂教学方式后，学生几乎不会积极翻阅文化书籍，从而扩充文化知识。影响我国英语文化教学的重要因素就是学生不积极、不主动地学习，以及学生不善于获取与英语相关的文化知识。由此可见，改善课堂气氛、调动学习积极性，是有效开展文化教学的关键。

(5) 受到教材内容的限制。

目前，英语教学中的教材几乎都是科技性的、说明性的，所讲述的都是骨架式的知识，并不包含国家伦理、民族心理等与语言形式相关的文化角度的内容。这势必导致出现以下现象：教学过程中，在有限的教材中，学生对非语言形式的因素了解不足，忽视了文化因素的作用，不当地过分追求提高英语知识和书面语言能力。

三、文化教学的意义

英语教师在教学过程中坚持推广文化教学，主要有表5-4所示几个重要意义。

第五章 英语教学的三个层次

表5-4 文化教学的意义

文化教学是英语教学改革的需要	随着新课标在全国各地逐步展开,英语教学的教学目标、英语教学的教学理念以及英语教学的教学方法和评价方法都发生了非常大的变化。人们普遍意识到学习外语不仅是掌握语言的过程,也是接触和认识另一种文化的过程。文化因素始终隐含在外语学习的过程中,即使是优秀的语言学习者,其交际能力可能因文化因素而受到限制,他们对周围世界的理解也可能因此而产生障碍。学习外语以及相关的外语文化,对我们从不同的角度观察和认识自我世界有很大帮助
文化教学是提高教师素质的需要	即使是再优秀的英语教师,为了能够教授学生得体地进行交际,都必须知晓文化背景,提高文化知识水平。这对所有的英语教师来说都是一种更高的要求,而且不是一件容易的事。英语教师应该对这一专题的专著和背景性的书籍进行阅读和理解。只有教师的文化知识水平提高了,才能有效地对学生进行文化教育
文化教学是人才培养的需要	从某种意义上来说,学习一种新的语言,就是掌握一种新的交际技能,了解一种新的民族文化。学生通过对中西方文化的对比和分析,能够较客观、全面地认识英语文化的要素,同时以新的洞察力审视和认识本国文化,进而在国际交往中做到知己知彼
文化教学是语言教学的一部分	语言是文化的一部分,是文化的载体,它有着丰富的文化内涵。如果只懂语言而不懂文化,就很难完全理解和正确使用所学的语言。所以,语言和文化是相互影响、相互作用的关系,是密不可分的
文化教学是促进国际交流和合作的需要	随着全球经济一体化的进程不断加快,文化领域也在不断进行交融。因此,提高学生的英语交际能力不仅是中国教育改革的需要,更重要的还是国家经济发展的需要。因此,英语文化教学是贯穿其中的重要的一环,应该将语言、文化、社会在教材、教学大纲、课堂教学、测试中全面反映出来

四、文化教学的实施方法

在教学过程中,英语教师可以灵活使用不同的办法应对教学改革,更好地解决文化教学中的种种问题。

(一) 文化旁白法

作为较为简单的形式,文化旁白法是一种重要的传授社会文化知识的方法。它指的是英语教师在语言教学的过程中,在进行的听与读的内容中,见缝插针地传授一些文化知识。在讲解大学英语课文时,为了使学生更容易理解,英语教师可以穿插讲解课文所涉及的文化背景,如内容背景、时代背景、作者背景等。

(二) 直接导入法

在课堂教学过程中，英语教师可以直接介绍文化知识。为了保证教学顺利进行，调节课堂气氛，调动学生的求知欲与积极性，备课时教师可以多多准备相关的语言文化背景知识，上课时结合文化背景，完成教材内容的讲解。

(三) 课外学习法

课堂教学时间毕竟是有限的，学生学到的文化知识也是很有限的，而课外时间相对充足，为了拓展学生自身与英语相关的文化知识，英语教师可以使用课外学习法，即引导学生开展丰富多彩的课外文化活动。

(四) 对比分析法

对比分析法对培养学生文化知识的效果最好，它更能帮助学生克服学习的心理障碍。为了使学生更容易理解与掌握不同文化系统中的文化规约和行为规约，在文化教学过程中，英语教师可以对比本土文化与别国文化。对两种文化的相同点，很容易实现正迁移，学生很容易理解和掌握；对不同点，不能仅仅对比表层形式，既要进行语言对比，又要进行非语言对比，避免出现负迁移的情况。在对比过程中，教师应当引导学生正确认识、处理不同文化的关系，使之不产生偏见的心理。

(五) 借助媒体法

学生可以借助人们日常生活中常用的电脑、电视等媒体，更多地了解、熟悉、掌握不同国家、不同地区、不同阶层的社会生活、风土人情、日常用语、语言特色、风俗习惯、常用的非语言手段等。一般来说，媒体上会出现一些外国人常用的表情、手势等，这些都是难得的丰富素材。为了更直观、更直接，可以向学生播放介绍西方文化的纪录片。

(六) 讨论法

在课堂教学过程中，英语教师可以把学生分为若干小组，对与英语相关的文化知识开展集体讨论或小组讨论。在简短介绍学生接触到的文化内容以后,学生可以以组为单位对比、分析、讨论,从而发现英美文化中的一些特征,真正提高对英美文化的敏感性,取得较好的教学效果。

第二节 英语教学的情感层次

情感体验主要有两种:一种是消极情感体验,它阻碍个人的身心活动;另一种是积极情感体验,它促进个人的身心活动。因此,为了取得较好的教学效果,英语教师在教学过程中,应当注意观察学生的情感因素,努力为其提供良好的、积极的情感体验。

一、情感的功能

学生的学习行为与教师的教学效果很容易受到情感的影响。为了取得较好的教学效果,必须了解情感的功能,见表5-5。

表5-5 情感的功能

功能	含义
动力性功能	动力性功能是指学生的非智力因素,它与操作系统是相对的。这种动力系统发挥的作用会严重影响着教学效果。动力系统发挥的作用大,则学生学习的效率就会很高,因此收到的教学效果就会非常好;而动力系统发挥的作用小,则学生学习的效率就会很低下,因此收到的教学效果就会非常差
迁移性功能	迁移性功能就是学生对教师情感的共鸣迁移到所教授的学科之上,即教师的行为举止已经深深影响了学生对这门功课的关注程度
感染性功能	感染性功能就是用教师的情感状态来感化学生。教师在课堂之上流露出真实的情感,如控制话语的节奏和语调、教师的表情更加温和,这就会让学生产生共鸣,从而使学生更加专注于学习
激发性功能	激发性功能是指积极的情感能够激发学生智力的一种功能,这种功能能够提高学生自身的智力水平,促进智力的超常发挥
调节性功能	调节性功能是指教师可以调节学生的自信心、焦虑、厌恶以及兴趣等情感因素。通过提高学生的自信和兴趣、缓解焦虑和厌恶情绪,可以改变学生学习的节奏,从而延缓学生的疲劳状态

二、情感教学的基本原则

情感教学本质是：为了促进学生的全面发展，英语教师应以对学生个体特征尊重为前提，使用特定的教学方法或教学手段，尽量对学生的情感需要予以满足。我们都知道，在课堂上，情感不是直接学习的内容，然而它会对学习效果产生间接影响。因此，在教学过程中，为了更好地指导教学实践活动，教师应该了解并努力遵守表 5-6 所示的情感教学的基本原则。

表 5-6 情感教学的基本原则

原则	简介
寓教于乐原则	寓教于乐原则主要是让教学活动在学生快乐的情绪下进行，教师在教学活动能够预测和把握好一切的变量，激发出学生的学习兴趣和积极性，使学生乐于乐于学习。在这一原则的贯彻过程中，教师不能整节课都是处于调节情绪上，把调节情绪作为教学活动的一个突破口，使学生的学习状态达到最佳的层次，也保证课堂活动的正常进行
移情原则	英语教师在教学过程中可以使用移情原则，主要包含两个方面：一是教师的情感影响学生情感，这里面的情感包含教师水平、道德品质、人格魅力等；二章的人物情感影响学生情感。在这一原则的贯彻过程中，教师应该引导学生体者的写作情感和意图，让学生在实际的学习中陶冶情感
情感交融原则	情感交融原则是指师生之间的情感，这种情感的优劣影响到学生的情感反应谐的师生关系有助于学生的学习积极性以及教学效果的优化。众所周知，教学是在教师和学生二者之间进行的，属于一项传递师生之间情感的特殊交流活动此，这一原则在教学活动中必须遵守
以情施教原则	教师在授课的时候应该引入积极的情感，使情感和知识融合为一体。在这一的贯彻过程中，教师首先要控制好自己的情感，将自己置于积极的情感之上，教师自身的情感积极性强才能带动学生的情感积极性。此外，这一原则也可以于处理实际的教学内容上

三、情感教学的意义

合理运用情感教学，有助于融洽师生关系，达到教学目标，完成教学任务。

情感教学突出了学生的主体作用,具体来说,主要有以下几个意义:开发学生的潜能;提高学生的综合素质;培养学生的自信心;激励学生的活动;融洽师生关系;培养学生的高尚情操;培养学生的创造性;培养学生的意志力。

四、情感教学的影响因素

情感教学的主要影响因素是师生、学生之间的因素和学生个人的因素。前者如课堂交流、移情等;后者如自尊心、焦虑等。

五、情感教学的实施办法

在教学过程中,英语教师可以通过使用如下几种办法进行情感教学。

(一) 建立良好的师生关系

教师可以从以下三个方面着手,建立良好的师生关系。

1. 完善自身个性

具备完善的内在人格魅力,教师才能与学生的关系更加融洽,教学才能顺利实施,获得较好的学习效果。教师应该不断完善个性,克服缺点,拥有幽默、负责宽容等优秀品质。

2. 真诚爱护所有学生

不论是教学层面,还是道德层面,英语教师都应当有真诚的品质。对每一个学生,英语教师都要真诚、公平地对待,用心交流,不分优劣。另外,英语教师要特别鼓励与关怀较困难的学生,要相信他们、帮助他们,尽量不指责和批评他们,不打击他们学习的积极性、主动性。

3. 展现教学的魅力

为了集中学生学习的注意力,快速激发学生的学习兴趣,使教学活动充满情趣与动力，英语教师应当尽量在学生面前展现出教学的魅力。

（二）帮助学生克服焦虑情绪

在整个学习过程中，学生的焦虑情绪时常出现，严重的焦虑情绪甚至可能引发紧张或害怕的情绪。因此，为了帮助学生克服不恰当的焦虑情绪，教师应做到下几点。

(1) 为了使学习困难的学生积极参与学习，英语教师可以组建多个学习小组，并给予适时、恰当的指导。

(2) 英语教师应当善于发现每个学生的优点，并将其树立为先进典型、榜样，让其他同学效仿、学习，从而为所有学生创建良好的学习氛围。

(3) 对于学习困难的学生的提高要有所期待。

(4) 通过关爱、呵护每位学生来保护他们的自尊。

(5) 学会帮助学生分析错误并加以指正，而不是大声地训斥。

(6) 适当降低要求，对学生获得的进步多加鼓励，使其树立信心，不断取得更大的进步。

(7) 对学习困难的学生，英语教师要多沟通交流，帮助他们找出学习薄弱环节和弱点，找到适合自己的学习方法，鼓励他们迎难而上。

（三）加强学生认知，激发学生积极性

现阶段，全国各大学校普遍都在开展大学英语改革，都在要求学生主动构建知识，参与课堂活动，因此学生必须充分发挥积极性和主观能动性，通过自身积极调整而更加适应社会发展的需要，不能像以前那样被动地、填鸭式地接受知识。这就要求英语教师在教学过程中具体问题具体分析，例如：若学生发音不准确，为了帮助纠音，教师可以在课余时安排学生开展语音训练活动；若学生不熟悉语法知识，为了让其在实际的应用中了解语法，英语教师可以安排学生阅读课外读物，对于不明白最基础的语法知识的学生，教师甚至可以单独进行辅导、讲解，直至其完全明白。

第三节　英语教学的学习层次

以前的教学模式下,英语学习者学到了"哑巴英语",无法掌握基本的听、说、读、写技能,达不到当今时代的要求。在大学英语教学改革的大背景下,大学英语教学都开始强调对学生语言综合运用能力的培养,这就势必要求学生改变英语学习方式,被动地接受知识,而是积极主动地学习,在学习中占主体地位。

一、探究学习

20世纪50年代,美国教育学家施瓦布提出探究学习:在教师的指导下,学生处于学习主导地位,积极探索,主动学习。施瓦布认为,探究学习是学习者自主获得知识的过程,目的是掌握研究所需要的探究能力。当然探究学习需要教师的辅导,学生不能漫无目的地自由学习。

(一) 探究学习的特征

探究学习的特征主要有四个,即发展性、真实性、主体性、问题性,见表5-7。

表5-7　探究学习的特征

特征	含义
发展性	探究学习具有发展性特征,主要有两个原因:其一,探究学习的评价采取类似于纵向评价的方式,鼓励学生不断超越之前的自我而获得新的发展。学生通过不断进步而拥有越来越多的自信,也就能迎来新的成功,进而提高了内在驱动力。其二,探究学习是在活动的模式下进行的,而活动的这种开放性让学生可以充分发挥自由的权利,表现学习的主体性,从而促进个体发展
真实性	英语学习具有真实性特点,因为英语学科的内容大都来自日常生活,与学生的真实生活较为贴近。探究学习的真实性不仅体现在内容上,还体现在过程上。在探究学习中,学生将自己的知识、情绪、态度和兴趣等真实地表现出来,对学习中出现的真实问题进行信息加工

续表

特征	含义
主体性	探究学习主张学生不断挖掘自己的内在潜能，只要智力正常，都可以通过学习提高自己的创新能力。探究学习常常是多人参加的过程，这既是探究学习本身所要求的，也是为了适应学习型社会。它注重个体体验，将知识的学习看成是认识、情感和人格的综合结果。学生在这种学习活动中都能获得一种主人翁的感受，学生不是被动地接受教师传递的知识，而是自己控制探究学习的进度。学生也不把教师分配的任务看作一种外来压力，而是看成自己学习的契机。它鼓励学生充分发挥自己的主观能动性、积极参与探究活动，形成多方面的学习交流，从而创造一种开放、民主的学习氛围
问题性	探究学习就是一种发现问题、提出问题进而解决问题的过程，这也是一条通往创新能力提升的道路。人类的进步和社会的发展正是由问题开始的。问题和学习是相辅相成的关系，问题越多，产生的学习活动就越多；产生的学习活动一旦多起来，问题也会自然而然多起来。也就是知识越多，越能发现问题的原因。问题是学习的线索，由问题入手，才会激发学生的好奇心，才会有深刻而全面的思考

(二) 探究学习的步骤

探究学习的步骤主要是明确任务→分配工作→教师指导→汇报结果→科学评价。

1. 明确任务

在学习之前，为了使学生完全理解要求，英语教师应当明白清楚地告诉学生学习重点、学习目标。

2. 分配工作

明确任务以后，教师就可以分配工作了。首先，教师要将全体学生分为若干小组，然后，指定分别制定小组长、记录员、汇报员，其任务见表5-8。

表5-8 小组长、记录员、汇报员的工作任务

职务	任务
小组长	要求有领导才能，能带领全组学生有条理地展开交流，进行探究学习
记录员	负责记录本次探究学习的重要内容
汇报员	将探究学习的情况概括地向全班交代清楚

第五章　英语教学的三个层次

3. 教师指导

开展探究学习，教师必须全程进行指导，在整个活动中起到导航、指路的作用，同时也应该给学生清楚地描述学习的整个过程。需要特别留意的是，学生始终是学习的主体；在整个学习过程中，教师不能代替学生去做，而应该处于从属地位，在每个阶段都要给予学生建设性的意见，辅助、指导他们顺利地完成学习。

4. 汇报结果

探究学习快要结束时，学生必须反思整个学习过程，总结不足之处和做得好的地方，然后还要与和全班同学分享学习成果。可以通过抽签的形式决定汇报的顺序。汇报结果有两个好处，一是锻炼学生的语言表达能力，二是其他学生极有可能从汇报中注意易犯的错误并学到一些成功经验。

5. 科学评价

进行探究学习，英语教师应该掌握可靠的、科学的评价体系。学习评价是有关教师的教学质量以及学生学习成果等的信息。在探究学习中，根据评价结果，学生可以不断调整学习过程，达到理想的学习效果。

英语教师应当根据学习目的确定评价标准，灵活选择评价主体、评价方式和评价手段。为了帮助学生更全面、更真实地认识探究学习，不断改变学习方法、改进学习态度等，英语教师应当结合学生互评、自我评价、定量评价、定性评价等方式，适当表扬做得好的学生，给予各种正面的强化措施。

(1) 评价主体。有多元的评价主体，评价才能取得良好的效果。可以使自我进行评价，教师对学生进行评价，也可以是师生之间、学生之间相互评价，当然，还可以邀请社区人士和家长进行评价。需要注意的是，评价结果要有秘密性，以维护大学生较强的自尊心和自我意识。

(2) 评价方法。方法很多，如测验法、问卷法、观察法、访谈法。测验法主要涉及题目的选择，要选择生活化、难度适中的题目；使用问卷法时，可不设置唯一答案而采取开放性答案；使用观察法时，必须做好观察记录，尤其是重要细节不能遗漏；使用访谈法时，就要事先准备访谈提纲并且让每组学生回答的问题相同。

(3) 评价方式。最完善的评价方式应该是将质性评价和形成性评价相结合。

相对于量化评价（以简单的数字为呈现形式），一般表现为文字性描述的质性评价，更能传达出优劣等信息。探究学习时进行形成性评价（也叫过程性评价），能够及时在学习过程中发现问题，从而进行适当的改进、调整。

(4) 评价目的。评价目的是将评价作为学习的一种鞭策手段，不应该是根据成绩好坏将学生分类、分等级。不能使学生因评价结果不好而出现长时间的情绪低落。

二、合作学习

作为群体共同学习的方式，合作学习有时比个人独自学习更有效，它体现的是学习领域中的团体精神。目前进行的大学英语教学改革，非常注重对广大学生英语交际应用能力的改善、提高和培养，开展小组成员之间配合、交流的合作学习，就显得非常合情又合理了。

（一）合作学习的理论基础

合作学习的理论基础主要是选择理论和动力理论，见表5-9。

表5-9 合作学习的理论基础

理论	简介
选择理论	选择理论由美国心理学家威廉·哥拉斯创造。他认为人的一生有多种需要，如合作的需要、归属的需要、与人分享的需要、爱的需要以及关心他人的需要，人们会尽量去满足它们。而合作学习正好满足了这些需要，因为成功的合作学习某种程度上会使人获得归属感、爱以及分享的喜悦。需要的满足才能带来幸福的、有质量的生活
动力理论	动力理论由格式塔心理学提出。合作小组的统一目标能够带给组员一定的学习动力。组员之间的学习行为是相互影响的，主要表现在组员的努力程度和学习状态受其他组员的影响，因此只有每个成员都将自己的能力和努力发挥到最大程度，才能最大程度地实现学习目标。组员的利益是连在一起的，并且组间的竞争也有利于组员提高为共同利益而奋斗、对抗竞争对手的意识

(二) 合作学习的基本要素

合作学习的基本要素主要有如下三个。

1. 组员间的人际交往技能

要求组员之间彼此信任、积极沟通以及正确地处理冲突，从而形成良好的小组氛围。良好的小组氛围会影响学习目标的实现。

2. 相互支持

为了最大化整个小组的利益，在资源、心理等层面，所有组员必须相互支持，因为组员的利益都是密切相关的，每个成员的影响都不可忽视，一荣俱荣、一损俱损的情况会经常发生。

3. 小组活动

没有小组活动就没有合作学习。小组活动应当有明确的活动目标、活动任务、活动分工、活动时间，以及详尽的、真实的活动反馈。

(三) 合作学习的效益

合作学习有利于学习者维持健康的心理、形成积极的人际关系、发展批判性思维。

1. 有利于学习者维持健康的心理

合作学习能够维持人们健康的心理，从而提升幸福感、增强人体免疫力。良好有效的合作学习不仅可以使成员形成较高的自尊心，而且可以提高成员对所处情景和其他成员情绪的观察力与敏感度。自尊心、观察力和合作精神在相互联系的社会网络中，一直都是人们维持自身心理健康的重要因素。

2. 有利于学习者形成积极的人际关系

人际关系与学习效果之间的关系是相辅相成的，存在效果良好的合作学习，就必然存在正面的、积极的人际关系；反过来，积极的、正面的人际关系也必然会使学习效果正当、良好。为了获得理想的学习效果，小组成员必须努力做到以下几点：为使成员在未来做得更好，相互评价时，应积极反馈；为拉近彼此关系，有分歧时，各成员要能接受质疑，平等地、和气地沟通、讨论；被鼓励、被尊重能增强学习欲望，所以成员之间要相互激励；要减小心理防御，增强信任感，以便高效合作。

3. 有利于学习者发展批判性思维

批判性思维的主要特点是分析性与开放性，合作学习中的讨论、互动等鼓励学生开放性地表达不同思路、不同观点，以便成员一起分析思考。有大量数据表明，相对于学习内容，正确的学习方法尤其是合作学习的小组讨论更能促进学习者发展批判性思维。

三、自主学习

目前知识更新的速度越来越快，为了不被社会淘汰，人们不得不开发自己的学习潜能，提高自己的学习能力，也越来越重视终身学习。要做到终身学习，独立自主的学习能力是不可或缺的。实际上，外语教学的目的就是培养学生自主学习的能力。

自主学习的本质：一是预想、规划、组织整个学习活动；二是控制、监视学习过程；三是在学习过程中自我评价、自我检查，然后根据各种反馈信息对学习活动进行适当调节。

（一）自主学习的理论基础

由于自主学习有稳固的理论基础（表 5-10），国内外的教育专家大力提倡这种学习方法。

表 5-10　自主学习的理论基础

理论	简介
人本主义学习理论	人本主义学习理论是以人本主义心理学为基础，其代表人物是马斯洛和罗杰斯。人本主义学习理论认为学习不仅是认知的学习，而且是经验的学习；认知学习是无意义学习，经验学习是有意义学习；学习最终导

第五章　英语教学的三个层次

续表

理论	简介
人本主义学习理论	致个体在智力、情感、态度、人格和行为等方面发生稳定的变化。总之，人本主义学习理论包括三点：学习是在无威胁的环境中进行的，教师应尽量给学生创设舒适轻松的环境；学习是自我管理、无教师指导的，即自己发现、自己理解并且自己评价；学习是个体的全身心的投入，重视知识和情感的作用
建构主义学习理论	建构主义学习理论认为，知识并不是对客观世界的绝对客观的反映，它只是人们对世界的看法和理解，是相对可信但不是永恒不变的真理，因此知识会随着社会文明的进步有所调整；学习是学习者在新信息的刺激下，对已有知识的重组和调整，以及对新知识形成有意义的解释和理解，从而建构新的知识结构
认知学习理论	现代认知学习理论包括加涅的信息加工说、奥苏贝尔的认知同化说以及布鲁纳的认知发现说。信息加工说指出，学习就是对知识进行编码加工的过程。认知同化说提出，已有的认知结构对于新知识的学习是一种充分条件，学习就是将新旧知识建立联系的同化过程。认知发现说主张学习每门学科的内在结构，并且这种学习需要经历获得、转化和评价三个阶段；它同时强调利用头脑中的已有经验主动学习新的结构性知识
社会语言学	20世纪60年代，美国兴起社会语言学习，它包括两个领域：社会领域和语言领域。海姆斯认为社会语言学的研究目标既有社会的又有语言的，它是探讨语言在社会范围中的广泛使用的理论。杨永林则认为，社会语言学包括语言结构和社会语境这两个研究问题，主要探讨语言和社会之间的关系，也就是将语言结构放到社会这个背景下去分析研究

(二) 自主学习的特征

自主学习的特征主要有三个，见表5-11。

表5-11　自主学习的特征

特征	含义
自主监控	简单来讲，自主监控就是对整个学习过程的检查、调整和确认。这既包括监控自己听到的、看到的、理解到的知识信息，也包括对学习方法、计划、策略的监控。对学习方法和策略的监控就涉及方法、策略的选择是否恰当；对学习计划的监控是指监控计划的科学性以及时间分配的合理性

续表

特征	含义
自主计划	在学习之前发生的，为接下来的学习活动所做的准备工作就是自主计划。在这个阶段，学习者需要了解学习内容，选择学习策略。具体来讲，自主计划包括自我管理、集中注意力、先行组织、选择注意。自我管理是创造条件促使学习任务的完成；集中注意力是指始终将注意力集中在所要学习的资料上；先行组织就是在自己原有知识的基础上预习即将要学习的新资料，了解大意和相关概念；选择注意就是注意学习过程中的特定方面而忽视其他方面
自主评价	自主评价有利于学习者反思学习过程中遇到的问题，总结经验教训，以便对下一次的学习进行指导。发生在学习活动最后阶段的自主评价，是对自己学习任务的完成情况进行的分析、判断。它包括对计划和时间分配的合理性、知识信息的获得、策略的运用等进行评价

(三) 自主学习能力的影响因素

自主学习能力的影响因素主要有如下五个。

1. 学习动机

学习动机越强，学生就越能进行高效的自主学习，由此可以看出，自主学习与学习动机是高度正相关的。学习动机具有隐蔽性，无法直接观察到（只能通过学习的外在表现如学习时间、学习态度等进行大致推断），是一种内在心理过程。学习动机分为：与成就感、倾向、爱好等有关的内部动机，以及与学习行为能否满足外在要求有联系的外部动机。不管怎样，学习动机都能为学生自主学习提供方向与动力。

2. 社会环境

自主学习的外在影响因素主要是同伴与教师，它们构成了影响自主学习的社会环境。

通常来说，个体与他人之间越团结友好，关系越亲近，氛围越轻松，就越有可能在互助的基础上，快速提高自主学习能力。

学生的自主学习会受到教师的指导方式、教学模式等的影响。一般来说，若教师所采用的教学模式以学生为中心，则能激发学生的主动性，快速提高其自主

第五章 英语教学的三个层次

学习能力；若教师所采取的管理模式是自由的、民主的，也有助于提高其自主学习能力；若在学习过程中，教师能够适时、恰当地给学生在技术上、心理上全方位的指导，而不是盲目地、时时处处地控制干预，学生的身心就会非常健康，学习的动力就会充足，非常有利于自主学习能力的提高。

3．归因

归因是个体对自己成败的原因解释。把学业失败归因于内在稳定的因素，学生就非常有可能不再积极地进行自主学习；而归因于可控因素，学生就非常有可能积极寻求出路，积极进行自主学习。归因方式对自主学习有着不可忽略的影响。美国心理学家韦纳（Weiner）认为成败的原因有六种，分别是：能力、努力、任务难度、运气、身心状况、其主人或事的影响。韦纳进而从三个维度对这六个因素进行了划分：内部与外部、稳定与不稳定、可控与不可控。其中，能力和任务难度是稳定的，努力是可控的。

4．自我效能感

个体对圆满完成某目标的自信程度就是自我效能感。自我效能感从如下方面影响学生的自主学习能力：一是影响学生学习目标的制定。自我效能感与学习目标的选择是正相关的。二是影响学生选择学习策略。三是影响学生选择学习任务。四是影响学生对困难耐受力。学生要想直接面对困难并坚持适应困难，就需要具备较强的自我效能感。

5．学习策略

学习策略指的是学生为了实现学习目的，在教师的指导下，采用的特定的学习手段与学习规则。在学习过程中，良好的学习策略能够减少学生不知所措的感觉，降低学生学习的挫折感，使其保持高涨的学习热情，不断提高学习效率。英语学习策略模型见图5-1，表5-12则给出了"新课标"学习策略的内容。恰当的学习策略能够增大成功学习的概率，成功的次数越多，学生就越有可能发挥积极性，进行自主学习。一旦学生非常熟悉学习的手段与规则，就能得心应手地学习，在轻松、愉悦的氛围中，取得良好的学习效果。

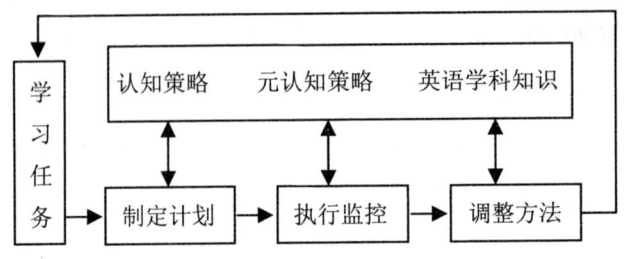

图 5-1 英语学习策略模型

表 5-12 "新课标"学习策略的内容

策略类别	策略内容
认知策略	根据需要进行预习 在学习中集中注意力 在学习中积极思考 在学习中善于记要点 在学习中善于利用图画等非语言信息理解主题 对所学内容能主动复习并加以整理和归纳 注意发现语言的规律并能举一反三 在使用英语中，能意识到错误并进行适当的纠正 有效地借助母语知识理解英语 尝试阅读英语故事及其他英语课外读物 注意通过音像资料丰富自己的学习 使用简单工具书查找信息 注意观察生活中和媒体上使用的简单英语 遵循注意规律提高记忆效果 借助联想建立相关知识之间的联系 利用推理、归纳等逻辑手段分析和解决问题 听和读的过程中，借助情景和上下文猜测词义或推测段落大意
元认知策略	在学习中借助图表等非语言信息进行理解或表达 明确自己学习英语的目标和需要 制定英语学习计划 注意了解自己学习英语中的进步与不足 积极参与课外英语学习活动 主动拓宽英语学习渠道 善于创造和把握学习英语的机会 学习中遇到困难时知道如何获得帮助 与教师或同学交流学习英语的体会和经验 评价自己学习的效果，总结有效的学习方法

续表

策略类别	策略内容
情感策略	有意识地培养英语学习兴趣 培养对英语和英语学习的积极态度 逐步树立学习英语的信心 在英语学习中努力克服害羞和焦虑心理 在学习中相互帮助 注意照顾他人的情绪 监控并调整英语学习中的情绪 在交际中善于表达自己的情感并理解他人的情感 在英语学习中，乐于向同学提供帮助
交际策略	在课内外学习活动中能够用英语与他人交流 善于抓住英语交际机会 在交际中，把注意力集中在意思的表达上 在交际中，必要时借助手势、表情等进行交流 交际中遇到困难时，有效地寻求帮助 在交际中意识到中外交际习俗的差异 善于利用各种机会用英语进行真实的交际 交际中，善于克服语言障碍，维持交际 在课外活动中积极用英语与同学交流与沟通

（四）自主学习能力的培养方法

人们根据自主学习能力的影响因素，提出了培养自主学习能力的方法，具体见表5-13。

表5-13　自主学习能力的培养方法

培养方法	简介
增强学习动机	要想增强学习动机，一方面，学生在英语学习中要注意培养兴趣，并让自己尽可能多地体验英语学习带来的成就感；另一方面，当自己达成了学习目标之后，要给予一定的外在奖励作为鼓励，也就是给予正强化
优化社会环境	一方面，学生必须和同学建立良好的伙伴关系，以便在自主学习方面获得更多的社会支持。另一方面，教师要不断地制造让学生成功的机会并适当地给予正强化，以提升学生的自我效能感和学习动机。同时，教师要引导学生进行合理的归因，让学生拥有希望，可以通过劝说的方式去引导。并且教师还要向学生传授学习策略，因为学习策略也是自主学习能力的一种体现。另外，教师要创设自由轻松的氛围，并且投入自己的热情，提升人格魅力，让学生对自己心悦诚服，进而加强自主学习

续表

培养方法	简介
正确归因	当学生将失败归因为不稳定、不可控的因素时，他就不会丧失希望，进而加强自主学习，不断提升自己；而当学生将成功归因为稳定的、可控的因素时，他就认为是自己能力强并且努力到位，持续的尝试成功的欲望就不会消失，因而也会加强自主学习
提升自我效能感	在学习过程中，为了在不断地尝试成功当中提升自我效能感，形成学习成功—自我效能感提升—学习成功—自我效能感提升的良性循环，学生可以制定阶梯式的学习目标，先完成简单的目标以建立信心，然后再慢慢地增大任务难度，当然，这种难度是通过自己的努力可以达到的
训练学习策略	首先，教师应该亲自示范学习策略，并让学生对它的运用理解透彻；其次，教师要布置学习策略的操作案例，让学生课外练习巩固；再次，还要将学习策略进行班级性的讨论；再次，教师应该在课堂上选择合适的教学内容，然后将学习策略渗透其中；最后，让学生围绕该学习策略设计相关的课堂活动

第六章 英语教学方法的策略及实践研究

一位称职的英语教师，必须整合并发挥各种教学方法的长处，提高学生学习的主动性，使他们在艰辛努力的过程中保持身心愉快，获得学科知识。同时，教师在教学过程中，除了注重教学方法，还应经常反思自己的教学思想。

第一节 教学与教学方法

一、教学

教学设计是学习理论与教学实践之间的联系科学。因为教学设计的首要意图是规定最佳的教学方案，作为一种知识实体，旨在达到预期教学效果最优化的教学行为。因此，教学设计主要是关于提出最优教学方法处方的一门科学，是为如何更好地帮助人们的学习与发展提供清晰指南的一种理论。

"教学"是教学设计研究的前提性的基本概念。教学活动是由教师的"教"和学生的"学"所构成的一种复杂的现象。现在学校教育意义上的"教学"可以理解为以课程内容为中介，学生在教师的指导下共同开展的学习活动。在这个活动中，学生通过自己积极主动的努力，掌握一定的知识技能，并促进自己身心健康发展，同时形成良好的思想品德修养。

教学活动是学校实现其教育目的和培养目标的基本途径，因此教学活动在学校教育的各项工作中有着重要的意义。学校教学活动的重要意义是由教学在学校各项工作中所处的地位，以及它在人类社会的发展和学习者个体发展过程中所起的作用决定的。

首先，学校教学活动是实现人类总体认识和个体认识之间有效联系的重要纽带，学校在教学活动过程中通过多门课程使学生获得系统性的知识，是人类长期积累的总体认识的成果，这些成果是人类长期以来在探索世界过程中智慧的结晶，通过教育与教学的加工凝结成为我们教学中的知识；同时，学生的学习过程又是向自己的智慧挑战的过程，学生通过充分调动自己的智慧，发挥自己的个性特长和潜在的能力，理解、掌握和运用知识，在长期的学习过程中，学生个体性的认识逐渐有效地汇聚成为人类的总体认识。因此可以说，学校教学活动是有效实现人类总体认识和个体认识之间联系的重要纽带。

其次，教学活动是学生在学校教育过程中健康发展的重要保证。学生在现代学校的教学活动中学习和掌握系统性知识的过程，对学生个体发展的影响是直接而具体的，并在其个性发展的各个方面和各个阶段都有着鲜明的表现。学校教学活动作为促进学生健康全面发展的基本途径，它能够使学生的认识活动突破时间和空间以及个体直接经验的局限性，使学生可以集中精力在有限的时间内比较顺利地获得和掌握人类长期积累的大量的知识技能。同时，学校教学活动可以使学生的思想道德修养和世界观的形成建立在科学知识的获得过程之中，养成学生良好的道德情操和意志品质。

二、教学方法

（一）教学方法含义

教学方法是由教学思想和课堂教学技巧等不同层次构成的体系，即以语言学、教育学、心理学及其他相关学科的理论为基础，建构相应的教学模式，并依靠与教学思想相适应的具体教学技巧加以实现。

很多人在判断一位教师处理课堂中的问题时，很有可能会觉得该教师没有处理该问题的办法，其实从逻辑角度看，应当说该教师并不是没有办法，只不过是没有高效的方法。

第六章　英语教学方法的策略及实践研究

（二）教学方法的特点

教学方法的特点是指教学艺术活动中呈现出来的能最大限度地促进有效教学的特征，是教学方法本质在教学过程要素方面的具体表现。把握教学方法的特点是运用教学方法提升教学境界的关键。

1. 实践性

教师的所有教学方法的展现过程都是和具体的教学活动过程联系在一起的，它必须扎根于具体的教育实践活动中，如果离开具体的教学活动谈论教学方法，那将是无本之木和无源之水。所以教学方法是一门实践性非常强的艺术，只有在实践中不断探索，经过实践检验而获得实际效能的教学方法，才可称得上高超精湛的教学方法，而且教师的教学方法水平的提高也是教师不断将教学方法理论运用于教学实践中并不断升华的结果。

2. 形象性

教学方法主要运用生动、鲜明、具体的形象来达到教学目的。形象性是教育艺术美的首要特性，抽象的东西无所谓美丑。康德说，"美是不涉及概念而普遍地使人愉快的。"黑格尔则认为美是理念的感性显现。可见，美感的产生离不开具体生动的形象。教育艺术美主要诉诸审美主体的感官，也是具体形象的，主要体现在三个方面：一是实物的具体形象，如教学数字1、2、3的概念，出示具体事物苹果等；二是语言的具体形象，语言通俗，多用比喻、拟人手法；三是生活经验的具体形象，尽量将具体的生活现象引入课题，以教师生动形象的教学表演来推动教学的发展。如特级教师斯霞给一年级学生讲"颗颗稻粒多饱满"这一句话时，学生对"饱满"这个词理解不深，总是停留在"麦子长得饱满"、"豆子长得饱满"的具体实物层面，为了让学生全面弄清这个词的意思，她忽然走到门口，胸脯一挺，头一仰，两眼炯炯发光，然后问："你们看，老师现在精神怎么样？"学生说："老师的精神也很饱满。"她又说："那让我看看你们的精神怎么样？"学生一个个挺起胸脯，坐得端端正正的。

3. 目的性

在传统的教学方法认识论中，往往都强调教学方法的非理性因素，强调它的审美意义和情感价值。其实，这种认识是很肤浅的，任何教学活动的实施都具有目的性，其现实性目的是指它必须完成具体的教学目的，其最终目的是指向学生的全面发展。教学方法作为优化教学活动的一种高层次的手段，更体现了教师在教学活动中对教学目的的一种主体自觉，离开教学目的谈论教学方法没有任何意义，只会沦为形式主义的教学方法。因此，教学方法的运用必须以优化教学活动为出发点，以全面提高教学效益为价值指向；否则，就不能被认为是成功的教学方法。

4. 情境性

任何教学方法的运用都是在具体的教学实践中进行的，它必须紧密依托于具体的教学活动，离开具体的教学内容、教学活动大谈教学方法是空洞的、无意义的。因为任何事物都处于永恒的动态的发展变化中，正如古希腊哲学家赫拉克利特所说，"人不能两次踏入同一条河流。"面对不断变化的教学对象、教学内容、教学情境，教师既不能照搬别人的经验，也不能把自己的经验年复一年地照搬使用，只能结合具体的教学情境，创造性地运用教学方法，是"此时"、"此书"、"此人"、"此地"的教学方法，具有不可重复性。

5. 创造性

教学的生命力和感染力贵在创造，无创造便谈不上教学方法。创造性是教学方法最根本的特征，它决定着教师教学水平的高低，关系着教学的成败。教学中无处不存在创造性。德国著名教育家第斯多惠说，"教师必须有独创性。"教学技术可由练习而得，但教学方法则是创造性思维在教学方式上的体现，它是教师对教学方式的创造性运用，是教师此时此刻的独创。因此，教学方法虽可模仿运用，但最忌公式化、模式化。如巴班斯基曾经说，"教育劳动的一个典型特点是它不允许有千篇一律的现象。"因为在教学情境中，教师面对的是随时变化、千差万别的教学对象，的确不能用刻板如一的统一模式解决所有问题。

而且,在如今的教学导向中非常注重学生创造性思维的培养,那种无个性、无创造性,照搬照抄别人的传统教学方式、方法、技巧是培养不了学生创造性维的,只会抹杀学生创造性思维的火花,可以说,创造性是教学方法的"生命",是教师个性化力量的体现。

第二节 英语教学中常见教学方法分析

人们在长期以来一直探求一种掌握外语的有效途径,随着心理科学与语言科学的迅猛发展,各种教学思想流派一一出现。

外语教学法流派林立,主张各异,新理论、新方法层出不穷,充满了抽象艰涩的术语和理论,看上去五花八门,让人目不暇接,实际上只要稍加分析,就能看出主要存在形式主义流派和活动主义流派两大教学流派,见表6-1。

表6-1 两大教学流派的简单对比表

	形式主义（Formalism）	活动主义（Activism）
主要流派	语法翻译法（18世纪） 听说法（20世纪40年代） 认知法（20世纪60年代）	直接法（19世纪60年代） 全身反应法（20世纪60年代） 交际法方法群（20世纪70年代） 基于任务、项目、内容、主题的教学法（20世纪90年代）
学习内容	语言的形式、结构及语法规则	以实用语言技能训练为主
主要方法	机械操练、记忆、背诵、翻译等	体验、活动、交流、合作等
哲学基础	理性主义	经验主义
教学目标	以语言规则学习为主	以培养口语、笔语运用能力为主

一、词汇法

20世纪80年代以来,逐步形成的词汇学派提出了词汇法教学,代表人物有刘易斯、纳廷革(J.R.Nattinger)等,它是一种与传统的以语法为中心的教学方法(我们姑且称之为语法学派)相对立的教学方法。

词汇法的理论基础主要有认知心理学家乔治·米勒提出的组块理论以及语言学研究中的程式化语言理论。此外,数据驱动学习也是词汇法的重要理论来源。词汇学派强调词汇及短语在语言习得中的作用。他们认为词汇不应当服务于语法,应当是语法服务于词汇。

(一) 词汇教学理念与原则

词汇法的教学理念及原则如下。

(1) 很多教师理解的词汇教学就是"单词"教学,即按照词汇表依次一个个讲授词汇,这其实是对词汇教学最大的误解。词块教学的优势之一就是在有限的工作记忆容量范围内,处理更大的语言单位(语块),从而提高语言学习的效率,保证语言的地道性和流利性。

(2) 传统的语言教学法强调大量记单词、背语法,一味地往大脑中输入彼此不相联系的语言项目,但是,这样提前存储在大脑中的词汇语法信息需要重组。从语言处理的角度讲,这样非常不经济。通过对本族语话语的研究,语言学家发现,本族语者的语言之所以流利,是因为他们80%以上的话语是通过语言中20%的词汇所构成的语块表达出来的。从这一意义上讲,语言的流利性是以活用语言中使用频率较高的预制语块来实现的,而非简单的"熟能生巧"。

(3) 利用核心词汇的各种搭配形式,能提高学生对核心话题的熟悉度,也有利于扩展学生的核心词汇,提高其表达能力,达到一石二鸟的效果。

(4) 词汇法与语料库语言学有一种天然的联系,词汇的使用频率以及常用的搭配形式,都可以借助语料库技术来获取。

(5) 教师借助语料库,不必解释某个搭配的用法或意义,而是让学生通过语料库关键词语境检索功能,通过观察关键词在若干例句中的用法及意义,自己体会语块的构成、用法、意义及使用语境。

(6) 通过拼接小的语块可以组合成更大的语块。根据组块记忆理论,一个单词和一个语块在大脑中所占用的认知资源其实一样的,但因为语块在单位记忆组块中包含的内容更丰富,单词数量更多,所以能更有效地利用大脑的记忆容量,

第六章 英语教学方法的策略及实践研究

提高记忆效率,同时保证语言的地道性和流畅性。

(7) 从某种意义上说,在词汇和句法之间存在着许多同时兼具词汇和句法特征的半固定结构。这种半固定搭配结构在语言中的能产性非常强,也应当同固定结构一样被作为一个整体来教与学。

(8) 词汇法的教学理念可以应用于语言教学的各个侧面。从这种意义上讲,我们不应该把词汇法单纯看作一种词汇教学的方法,它实际上是一种语言教学的方法。

(二) 用词汇法教学的优势

1. 词汇法降低习得语言的难度

词汇法能够降低语言习得的难度主要基于两点。

第一,由于词块的语境依附特征,当学习者处于相似情境下,便能联想到相关的语言表达程式,可以直接拿来使用,或根据情境灵活加工使用,从而提高语言的输出效率。

第二,词块是以词组甚至句子的形式出现,并且结合了特定的语境,学习者在真实的情境中理解并记忆单词比在脱离语境的情况下更容易,并且不易遗忘。

2. 促进学生均衡发展

词汇法有利于促进学生语法知识和实际语言应用能力的平衡发展,提高其理解力和表达的流畅性。语言的流利程度取决于学习者大脑中储存了多少词块,而非多少语法知识。这些语言的预制块提取方便,说话者不必再进行语法组合,省时省力,使他们得以把注意力从单个词汇和语法运算转移到整体语篇层次上。

3. 有助于学生克服不利影响

词汇法有利于最大限度地克服母语负迁移的影响,提高表达的地道性与准确性。受传统语言观念和教学法的影响,学习者在进行翻译、写作、口头表达等语言输出活动时,往往从汉语的角度思考并寻找对应的英语词汇进行组合,如此产出的句子可能符合语法规范,却往往不地道或不符合规范,甚至是错误的搭配。

词汇法主张首先培养学习者的词块意识，即把词块作为语言学习的基本单位来记忆和使用。

总之，词汇法学习是一个"观察—假设—验证"的过程，首先给学生提供观察发现词块的机会，然后让他们自己去假设，最后再让他们在验证假设中发现语言规律，提升语言的运用能力。在教学中还要注意鼓励学生有意识地提高自己对词汇和词块的敏感性。同时，教师要尽量给学生创造大量的输出机会。

二、听说法

(一) 听说法的认识

美国在20世纪40年代出现了听说法。1941年，太平洋战争爆发、美国正式宣布参战之后，在战场上非常需要口语人才来承担翻译和电码解读工作，这些人才必须流利地使用德语、日语、法语、意大利语、汉语、马来语等不同语言，然而无论是在数量上还是在水平上，美国学校培养的外语人才都无法满足战时需求。为了解决这一需求，美国建立了"军队特别训练项目"，邀请55所大学参与，采取一系列措施和手段来强化训练士兵的听说能力，旨在短时间内大量培养掌握外语口语的军人。

实际上，听说法诞生在美国结构主义语言学如日中天之时，因此后者自然而然地成为前者的语言学基础。结构主义语言学在描写、分析话语和研究外语教学理论方面做了大量的工作。这种方法把课堂教学的语言设置为外语对语言学习者的表达能力与语音正确性提出了较高的要求。战后，美国和西方各国开始把这种方法应用到外语教学中，发展成为语言教学史上具有里程碑意义的方法，即听说法。

听说法是在教学实践中逐渐形成和发展起来的，是语言学家、心理学家和教育学家共同合作"生产"出来的。听说法的优点很多，尤其是广泛利用了现代化教学手段。但是，这种方法的缺点也很突出，毕竟听说法的前身是军队特别训练计划，它取得成功的先决条件是学习者是具有高度组织化和纪律性的军人，并且这些军人为国效力的动机也非常强烈，而这些因素在一般学习者身上并不具备。

（二）听说法的理念和原则

听说法的理念和原则如下。

(1) 听说法认为，母语和外语分属不同的系统。为了避免母语对外语系统的干扰，教师应该尽量少用母语来教授外语。

(2) 在听说法的课堂上，教师的一个主要任务就是为学生做出正确的示范，以便让学生正确地模仿目的语的语音和语调。

(3) 听说法认为，学习的过程是一个习惯形成的过程。重复的次数越多，形成的习惯就越牢固，学习的效果也就越好。

(4) 听说法认为，错误是语言学习的大敌，从一开始就应该避免。错误会导致学生形成不良的习惯，一旦发现错误，就应该立即纠正。

(5) 每种语言都是由一定的句型构成的。熟练地掌握句型的结构及转换形式，将有助于学习者形成正确的语言习惯，从而真正地、快速地、有效地掌握语言的基本结构。

(6) 根据行为主义心理学，正面的强化有助于人们形成正确的习惯。

(7) 听说法认为，外语学习的过程和母语习得的过程是相同的。语法规则的学习要通过归纳而非演绎的途径来实现。所以，听说法非常重视例句、图片等辅助手段，尽量避免直接讲解规则。

(8) 听说法教学的主要目的是帮助学生掌握句型结构。词汇是用来填补句型结构的"空位"的，一般由学生自己在课后学习。

(9) 结构主义语言学认为，不同的词类在句子结构中占据不同的"空位"。为了帮助学生造出正确的句子，学生应该掌握哪些词类在句中占据哪些"空位"。

总之，听说法是一个具有坚实理论基础的教学法。对一般学习者来说，听说法使语言学习的效果大打折扣，原因在于它过分强调听、说、读、写的绝对顺序，枯燥无味的机械操练只能降低学生的学习兴趣和动机。

三、后方法

库玛教授于 1994 年首次提出"后方法"，目前，外语教育界已经广泛接受这种方法，库玛教授的"后方法"理念，集中体现在十条宏观策略上，见表6-2。这些策略均来自和二语教学密切相关的理论、实证研究和教学法知识。

表6-2 后方法的宏观策略

策略	含义
语言输入语境化	外语学习的研究成果表明，句法的学习受到语用知识的限制，学习者产生的语言形式依赖于语篇内容。为顺畅地表达信息，不能把句法、语义和语用特征作为孤立的语言组成部分去理解。在教学过程中，教师要把语篇整体输入，促进语言输入的语境化，以便学习者从语篇和语言内部系统的交互效果中受益
促进协商互动	指在课堂上促使学生之间、师生之间进行有意义的互动。要使学生自由、灵活地发起和引领课堂话语，而不只是对教师的话语做出反应。协商互动意味着学习者积极投入课堂上进行的篇章活动、人际活动和意念活动；教师则积极帮助学生把语言视为系统的、篇章的、具有思想体系的整体，并综合地加以理解和应用
提高文化意识	在文化全球化的今天，文化教学应该有更高的目标，要着眼于提高学习者的全球文化意识和合作精神。因此，教师不是唯一的文化教学使者，学生也是文化教学的参与者，教师应鼓励他们参与课堂讨论，对他们带到课堂上的文化和知识应给予重视
学习机会最大化	把教学看成是一个创造和利用学习机会的过程。教师既是学生学习机会的创造者，也是学生创造的学习机会的利用者。也就是说，教师既要给学生"预设"一些学习机会，也要敏锐地抓住课堂上由学生"生成"的学习机会
语言技能综合化	语言的各种技能在本质上是相互关联和促进的。人为地把它们分割为听、说、读、写等单项技能，并且孤立地去训练，无论在理论上还是在实践上，都缺乏合理性。只有把语言作为一个整体去学习和使用，才能达到提高语言知识和能力的最佳效果。同时，为了提高语言教学的效果，还要综合使用各种语言技能，而不是将其割裂开来
促进自主学习	后方法视角下的学习者是自主学习者。要促进学习者自主学习，教师的首要任务是帮助他们切实对自己的学习负责，并使其改变学习态度。在这一过程中，教师应帮助学习者学会学习，具备必要的元认知策略、认知策略及社会情感策略，便于他们自主学习。同时，教师也要促使优秀的学习者提高对学习策略的认识，使其学习策略更加明晰和系统
培养学生语感	所谓培养学生语感，就是有意识地引导学生注意外语的形式结构特点，提高学生对语言结构的明晰程度。教师应提供旨在培养学生语感的学习策略训练，提高他们的学习效率，增强他们对外语的敏感性

第六章 英语教学方法的策略及实践研究

续表

策略	含义
教学理念透明化	人类的每一次交际活动都有可能包含歧义,在外语课堂上尤其如此。因此,无论外语课堂的设计如何巧妙、操作如何规范,都会出现教师意图和学生理解发生错位的现象。库玛认为造成教师意图不能完全被学生理解的潜在因素是认知因素、交际因素、语言因素、教学因素、策略因素、文化因素、评价因素、程序因素、授课因素、态度因素。教师要注意消除这些因素的影响,及时地解决学生的困难,促使课堂活动顺利进行
激活直觉探索	只有通过设计合理的课堂活动,提供足够的语篇信息,创造丰富的语言学习环境,才能激发学习者的直觉探索本能,促使他们自行推知蕴涵其中的关于语言形式与功能的特定规则。通过反复接触语言结构,观察语言设计,学习者可以归纳出语言在不同情境中的意义
保证社会关联	外语教育不是孤立的教育活动,它深植于对其有深刻影响的宏观社会环境。外语学习和教学中都存在着一些与社会环境相关的问题,如外语学习的动机、目的,外语的作用,外语输入的可行性,外语输入的内容以及该语言社团所能接受的语言能力规范等。课堂学习不可能与社会环境隔绝开来

四、认知法

(一) 认知法的认识

1964年,美国著名心理学家卡罗尔教授在《语法翻译法的现代形式》一文中,针对直接法和听说法在教学实践中暴露出来的种种弊端,首先提出了认知法(Cognitive Approach)。

作为认知心理学的研究者,施良方认为,学习基本上是由学习者本人掌控的,并非受外部环境支配;人脑在感知经验、获取和储存知识方面不是被动的,也并非由环境任意摆布,而是发挥了积极的决定性作用的。

从本质上讲,语言学习是一个认知活动,认知法切中了语言学习的核心要素。我们应该看到,在认知法提出之时,认知心理学才刚刚起步,学术界对人类认知过程的理解还不够深入,所以认知法在指导具体的语言教学实践时,才会出现上面我们谈到的尴尬境况。

(二) 认知法的理念和原则

认知法的理念和原则如下。

(1) 学习语言的前提条件是掌握该门语言知识，运用语言的活动是在语言知识的指导下进行的。外语教学的最终目的是培养学生的语言运用能力，而对语言知识的理解，则是有意义学习的出发点和基础。

(2) 认知法主张在课堂上有意识地对比两种语言，从而使学生对两种语言的差异形成更深入的认识，进而促进其外语学习。

(3) 美国认知心理学家奥苏伯尔提出先行组织者这一重要概念。当学生面对新的学习任务时，教师有必要设计一个在学习材料之前呈现的引导性材料，以便搭建一个连接新旧知识的桥梁，这种引导性材料被称为先行组织者。

(4) 有意义学习是认知法的核心内容。让学生理解所学的知识是教学的首要任务之一。所以，教师要采用各种手段给学生解释所学的知识。

(5) 语言运用是认知法教学的第三个阶段，是第二个阶段（即语言能力培养）的延伸。学生仅有语言能力是不够的，为了使其获得语言运用能力，教师还必须提供情景化的交际性练习的机会。

(6) 认知法认为，学生的语言能力是通过有意识、有组织的练习获得的。认知法和听说法一样，都主张通过各种练习来培养和内化学生的语言能力。但认知法反对无意义的机械性练习，主张与语言意义相结合的练习形式。

(7) 认知法非常重视新旧知识的联系，在讲解新知识的同时也操练旧知识，以旧带新。

(8) 认知法认为教师一般直接用母语解释语言知识要点。

认知法具有深厚的理论基础，它不仅依托主流的语言学和教育学理论，还以现代心理学为理论基础，所以它的理论基础更加科学，这也正是认知法的最大特点。认知法主张以学生为中心，摒弃了以教师为中心的传统教学模式，强调进行有效的输入与产出，加强有意义的操练，充分调动学生的能动性，发挥他们的观察能力与认知能力。这些都对外语教学起到了积极的启示性作用。

在认知法提出近半个世纪的今天，我们对人类语言认知规律的认识已经有了质的飞跃，特别是二语习得研究中对人类语言理解、表达以及认知过程中记忆、注意、存储、提取等认知机制的深入研究，更加深化了我们对认知在语言学习过程中所扮演的重要角色的认识。我们正是基于对语言学习认知机制的充分认识，才提出基于任务的教学法、输出假说、互动假说等一些新的教学方法和理念。

五、直接法

（一）直接法的认识

直接法又叫自然法、心理法、口语法、改良法等，本质都是相同的，教学目的都是尽快使学习者的外语能力达到或者接近本族人的平均水平。19世纪后期，外语教学改革运动的兴起和国际语音协会的建立为新的教学法的产生奠定了基础。同时，语言学、心理学、教育学得到了很大程度的发展，作为语法翻译法的对立物，直接法应运而生。它更能反映现代外语教学的时代要求：语言教学应更加重视口语教学，应该用目的语进行直接交际而非转译。这一方法被迅速应用到学校的外语教学中，取得了较好的成效。

直接法要求教师具备相对较高的语言程度，在授课过程中，教师要指导并鼓励学生。尽管在直接法的课堂上教师主导课堂活动的进程，学生处在一个相对被动的地位，但教师和学生在教与学的过程中更应该像搭档。

（二）直接法的理念和原则

直接法的理念和原则如下。

(1) 语言学习的基本目标是"说"。直接法采用的课文通常篇幅不长，而且大都来自教材。教师要求学生在上课时朗读课文，是为了用朗读的方式引入新的教学内容。

(2) 在课堂上用教具、图片等辅助教学工具，可以帮助学生更好地理解课文的意义。

(3) 直接法的特点就是在外语学习中避免使用母语，让学生尽快学会用目的语思考。通过使用句子自然地学习新单词，而非机械地记忆。

(4) 直接法主张用目的语进行教学。教师应进行演示，而非解释或翻译，以便将目的语的意义和实物"直接"联系起来。在使用外语进行教学时，为了更好地解释单词和句子，教师通常广泛使用图画、手势、动作、表情等直观方法，从而培养学生将外语与客观事物直接联系起来以及用外语思维的能力。

(5) 使用目的语进行课堂教学，为了进一步讲解课文，一般都要精心设置问题，从而加深学习者对内容的理解。直接法认为，交际能力的培养也是通过这种精心设置的与课文内容相关的问题来实现的。

(6) 直接法认为，让学生自行纠正错误对其语言学习有帮助。

(7) 语言学习的目的是交流。因此，学生既要能够回答问题，又要能够提出问题。直接法重视在教学过程中给学生机会对课文进行模仿。教师用大部分时间以问答的形式帮助学生学习课文内容。

(8) 在语言学习之初就教授正确的发音。直接法认为，口语训练既是外语教学的重要手段，也是外语教学的基本目标。

(9) 在语言教学之初，写作也是一项重要的技能。直接法的主要练习方式包括转述、听写、复述课文及自由写作等。

(10) 直接法在初级阶段不进行系统的语法教学，而是提倡学生通过归纳法自己总结语法规则。它认为这个归纳的过程同时也是培养学生能力的过程。

(11) 在介绍新知识的时候，教师可尽可能地结合周围环境，广泛使用课堂环境中的实物，以帮助学生理解。课堂上应给学生提供在真实情境中进行对话的机会，鼓励他们尽可能多说多练。教师要使用基本的词汇和句型，并突出、重复重点词汇。

六、交际法

(一) 交际法的认识

交际法前身为产生于欧洲的功能意念法，于 20 世纪 70 年代初发端于欧洲，是 20 世纪最具影响力的教学方法。当时，盛行于欧洲的情境外语教学法已经无法满足新要求。

在交际法的产生和发展史上具有里程碑意义的著述或文件见表6-3。

表6-3 著述或文件

著述或文件	提出时间	提出者
《论交际能力》	1972	海姆斯
《意念大纲》	1976	威尔金斯
《交际大纲设计》	1978	芒比
《语言教学交际法》	1978	威多森

交际法之前的教学方法都是在分析语言形式的基础之上衍生出来的。交际法问世之后，语言教学专家和语言教师发现了另一种分析语言的角度，即从语言的意义、功能、意念等范畴入手，来组织语言学习材料，设计语言教学活动。交际法最显著的特点是以语言的功能项目为纲，以学生的交际需求为出发点，以教学过程的交际化为主要特征，以培养学生的言语交际能力为主要目的。

交际法培养学生在真实情境中的语言交际能力，它不是按照名词、动词、形容词等语法范畴来安排教学内容，而是按照询问、请求、邀请、同意等语言功能为主线来组织教学内容的，并在教学材料和教学活动的安排上尽量体现"话题—功能—结构"三者的有机统一。

(二) 交际法的理念和原则

交际法的理念和原则如下。

1. 课堂环境真实化

在真实的语境中，交际双方的面部表情和身体语言都是言语交际的重要组成部分。"马蹄形"或小组围坐的座位排列方式有助于学生综合言语信息、面部表情和动作姿势等非言语信息，同时有助于学生之间的言语理解和互动交流，也使得课堂更接近真实的语言交际环境。

2. 合理利用信息差

"信息差"（information gap）指的是交际双方所拥有的信息不相同、不对称。

这样，双方通过交际手段交换信息，填补空白，从而完成交际任务。如果没有"信息差"，交际就缺少动力和意义，因此"信息差"是有效交际的前提。因为成员的活动任务要求不一，所以教师常常使用角色指令卡这一辅助工具，确保把指令及时、准确地传达到每位学生，保证交际语言教学活动有效、有序地开展。

3. 语言交际工具化

语言功能这个概念是理解交际法的理念和原则的一把钥匙。以往的教学方法都是把语言看作一个符号系统，主张从语言结构的角度来组织教学材料，设计教学活动。而交际法则把语言看作交际工具，以语言功能和意义为主要线索来设计和组织教学。其实，交际法的前身就是盛行于欧洲大陆的功能意念法。

4. 评价标准科学化

以前的教学方法和流派都把语言的准确性作为衡量学生语言产出的唯一标准，而交际法则把语言的流利性、意义相关性和得体性作为重要的考量指标。所以，交际法对待学生的语言错误，特别是准确性方面的错误，采取了相对宽容的态度。同时，交际法还认为语言错误是不可避免的，随着学习者语言水平的不断提高，他们自然就会注意到自己的错误，并在使用语言的过程中加以改正。教师应该鼓励学生完整地表达自己的交际意图，纠错不应该以中断学生的言语交际为代价。

5. 教师角色多元化

在交际课堂上，教师的角色也趋于多元，"授业解惑"的传统角色被淡化和解构。教师是学生学习上的帮助者，不再是传统意义上的"知识传播者"。在以学生为中心的交际课堂上，教师扮演着多重角色，如控制者、评估者、组织者、提示者、参与者、资源提供者和引导者。可见，在交际性课堂教学中，教师应根据需要调整自己的角色。

6. 教学资源真实化

"真实性"是交际语言教学提出的另一个重要理念。真实性材料指的是在交际中产生的语言材料,而非为教学目标特别撰写的人工材料。真实性材料为学习者提供了体验真实语言的机会,有人还在这个概念的基础上提出了情景真实性、任务真实性等概念,其共同点就是让学生在课堂学习过程中获得真实的语言使用体验。

交际法的影响在当时甚至现在都很深远。交际法自从诞生的那一天起,就与"争议"二字结下了不解之缘,它是在质疑和争议声中成长起来的。其中最多的批评集中在交际法的语法观与语法教学观之上,其功能主义语言观在实际教学过程中操作性不强。语言结构和语言功能之间的矛盾很难协调,导致学生语言表达的准确性普遍下降。

七、语法翻译法

(一) 语法翻译法的认识

语法翻译法又称为古典法,因为它首先被用来教授诸如希腊语和拉丁语这样的古典语言。语法翻译法最基本的要素是比较原始的语言学习和分析方法。

语法翻译法是以语法和词汇为主要内容,以翻译和语法讲解为主要手段,以母语为主要载体,以文字为依托工具,以系统培养学生的外语理解和翻译能力为主要目标。但是它始终缺乏对学习者口语交际能力的培养以及对学习者学习过程的关注。严格说来,语法翻译法并没有明确的理论基础,其主要观点和教学原则是在传统中形成并延续下来的。由于每一代的使用者和推行者都对它加以完善和补充,语法翻译法得以不断发展。

历史上,语法翻译法经过了古典翻译法阶段和近代翻译法两个阶段。古典翻译法分为:德国语言学家奥伦多夫为代表的语法翻译法,有"磨炼智力的体操"之称,认为外语教学的基础是教授语法;法国外语教师雅科托及英国教育家汉密尔顿为代表的词汇翻译法,主张对内容连贯的课文开展翻译与语义分析;德国语言教学专家马格提倡的翻译比较法,主要关注母语与目的语的差异以及学习者对目的语的掌握,吸收了历史上比较语言学对不同语言进行对比的方法,主张在第二语言教学中进行母语和目的语的系统对比，在对比的基础上进行翻译，从而理解语言材料的内容。有时，近代语法翻译法又被称为"译读法"，教学过程基本为：翻译、讲解课文大意，随后逐词逐句翻译讲解全文，最后用标准的母语翻译课文，以此培养学生直接快速阅读并理解原文的能力。

从严格意义上讲，中国的外语教学应该算是外语学习，不能算是语言习得，因而使用语法翻译法进行外语教学在某些情况下可能更加有效。如今，很多高校英语教师都在使用语法翻译法，这说明语法翻译法适合我国外语教学的实情，确实有可取的地方，主要表现在以下两点：语法翻译法对于学生的阅读能力、写作能力和翻译能力的培养有着比较显著的效果；语法翻译法在中国之所以兴盛，还要归因于中国人内敛含蓄的个性。

(二) 语法翻译法的理念和原则

语法翻译法的教学理念和教学原则有以下几点。

(1) 对语法翻译法来说，书面语的地位要高于口语，文学名篇更是常常在课堂上被作为教学材料来使用。可以说，语法翻译法的根本目的在于培养学生阅读古典文献的能力。

(2) 使用这种方法教学，学生在整堂课中都只是被动地接受知识，在他们心目中，教师是最权威的，教师的作用比较单纯，即扮演"授业、解惑"和"知识传播者"的角色。

(3) 语言教学的最高目的与主要手段是翻译能力的培养。如果学生能够通顺流畅地在两种语言之间相互转换，那就说明外语学习成功了。

(4) 除了注重语法、词汇以及翻译能力，语法翻译法也关注阅读能力。此外，直接阅读和直接理解也在语法翻译法的课堂上扮演着非常重要的角色。

(5) 语法翻译法运用演绎的方法来教授语法，强调有意识地识记语法规则，要求学生熟知语法术语，并准确描述句中涉及的语法现象。

(6) 使用外语进行交际不是语法翻译法的主要教学目标，所以母语是师生间交际的最主要的语言媒介。

(7) 语法翻译法的主要教学内容是语法和词汇，其中语法被认为是语言学习的"智力体操"，在语法翻译法中尤其受到青睐。学生学会了词汇和语法，可以根据语法规则将词汇组合在一起造句或翻译，就被认为掌握了这种语言。

从出现之初，语法翻译法就开始颇受争议，但是毕竟形成了完整、系统的语法教学体系，在教学内容和教学过程上都保持着自己的特点。当然，在日常教学过程中，英语教师对这种方法需要不断地加以修正和完善，以适应语言教学发展的需要。在具体操作中，采用灵活多变的教学方法，以学生为中心开展教学；加强目的语的文化信息导入，强化交际能力的培养；教师要将语法翻译法和其他教学流派与方法相结合，取长补短。

八、全身反应法

(一) 全身反应法

美国加利福尼亚州圣何塞州立大学心理学教授詹姆斯·阿舍于20世纪60年代提出全身反应法。作为外语教学法中一个重要的流派，它是建立在言语和行为协调一致的理念之上的语言教学方法。全身反应法主要依据大脑两半球的不同功能（即右脑主司形象思维，左脑主司逻辑思维），强调在形象思维的基础上进行逻辑思维的发展。教学活动可由教师发指令、学生做动作，逐步过渡到学生发指令、学生做动作。具体而言，就是教师发出指令后，学生通过听觉吸收信息（通过左脑完成），然后再将这些信息用肢体动作表达出来（通过右脑完成）。

全身反应法恰当地强调了交际技能的自然习得，为给人们提供了一种少强迫性、轻松获得理解性技能的途径。通过无压力的学习，学生能提高学习效率。

(二) 全身反应法的理念和原则

全身反应法的教学理念和原则如下。

(1) 全身反应法以直观性教学和身体语言的运用见长，所以教室的课桌椅摆放与传统的课堂有所不同，而且教室里也要预留较大的空间，以便于学生做各种活动。

(2)"指令—动作"是全身反应法（TPR）教学法的基本模式。全身反应法认为目的语的意义通常可以通过动作表现出来，这样能够充分激发右脑的学习潜能。

(3)全身反应法秉承"先理解，后表达"的教学理念，在让学生学会表达句子之前，先提高他们的理解能力。所以，它允许学生有一段"只输入，不输出"的沉默期。

(4)在基础结构中增加新的成分，或进行不同句式的变换，可以帮助学生感受和掌握目的语由词组句的一般规律；同时也可以增加训练的新奇性，保持学生操练和学习的兴趣。

(5)全身反应法的优势在于直观和形象。为了配合肢体语言，教师常常需要准备一些直观教具，如实物教具或者挂图。指认也是TPR经常使用的教学手段，旨在建立单词与所指实物之间的联系。

(6)教师应适时加快呈现及操练的速度，这样学生语言运用的流畅性也会得到相应的提高。可以说，操练的目的在于尽快完成从语言运用的准确性到流利性的过渡。

(7)指令语和祈使句是TPR课堂上最常用的语言形式。在学生对最基本的祈使句熟悉之后，教师会适时过渡到其他更复杂的句子结构。

需要注意的是，该方法在创立之初确实是作为一种辅助教学方法而存在的，在实际的教学过程中，只有与其他的教学方法有效地结合，才能更好地完成教学任务，使用此法时一定要谨记这一点。这就要求教师在使用全身反应法时要灵活多变，合零为整，适当与其他方法相结合。

九、基于内容的教学法

（一）基于内容教学法的认识

基于内容的教学法（CBI）是在交际法的基础上慢慢形成的。它使有意义的内容与目的语有机结合起来，从而改变了在大多数教育环境中将语言学习和学科知识学习人为分割的状态，这不仅有利于激发学生通过目的语进行思考，学习新知识，而且更有利于他们把听、说、读、写四种语言技能自然地融合在一起。因此，CBI 教学主要是以内容主题来贯穿整个课程的。

CBI 教学以学习者为中心，主张将学习变为自然的行为活动，所以是很有发展前景的。CBI 教学具有四种常见的原型模式：沉浸模式、主题模式、附加模式、保护模式。这四种模式从关注语言能力到关注学科内容，构成了一个连续体。

(二) 基于内容教学法的理念和原则

教学理念及原则如下。

(1) 典型的 CBI 课堂的特征是非英语课程的专业内容被引入到英语课堂上。

(2) CBI 教学必须以学生已有的知识和经验为前提。

(3) 学习者的学习动机只有在其感受到所学的语言与自己的知识经验相关时，才会被激发出来。

(4) 尽管学生已经具备了相关的学科知识，教师也应该采用"支架"策略，来帮助他们学会尚未掌握的单词。

(5) 要想取得较好的学习效果，教师要努力使语言成为一种传递学生感兴趣的知识和信息的媒介。同时，视频加文本的呈现形式，也为学生学习和掌握相关学科领域的词汇提供了更多的语境信息。

(6) 要想真正使学生掌握学科内容，提高语言运用能力，就要给他们布置学科上与语言上都具有认知挑战性的真实而有意义的任务。

(7) 学生从事与学科相关的任务时，需要教师提供语言上的支持。例如，教师可以通过例证、解释和图示等手段来帮助学生解决语言障碍。

(8) 除了口头交际能力，交际能力还应包括阅读、讨论和就学科内容进行写作的综合能力。

十、基于任务的教学法

(一) 基于任务教学法的认识

基于任务的语言教学法兴起于 20 世纪 80 年代，社会上开始，其核心是强调

"在做中学"的语言教学思想。它盛行于西方，本身有很多优势，也有较多局限与问题，在借鉴的时候，我们不应只是在形式上盲目模仿，而应该抓住其本质与内核。

(二) 基于任务教学法的理念和原则

基于任务的教学法的理念及原则如下。

(1) 教师应给予语言水平较低的学生足够的关注和帮助，同时在任务的难易程度以及教学资源等方面也要充分考虑他们的需求。

(2) 以"任务"为核心单位来计划和组织教学。任务与传统的"练习"或交际法中的"活动"相区别的地方是：任务明确，学习者专注于"用语言做事情"，就不会去过多关注语言形式。

(3) 基于任务的教学法同时主张语言输入与输出并重，即语言的输入也应在学习者完成交际任务（即有目的的交际活动）中主动获得，而不应该是单向的知识灌输。

(4) 这种教学法强调通过丰富而真实的教学资源来创造贴近生活实际的语言交际情境。

(5) 为了帮助学生归纳目的语的规则，逐渐对目的语形成较为系统的认识，教学设计应当坚持"以学习者为中心"的原则。

(6) "意义优先"是基于任务的教学法的一个重要原则。"意义优先"的原则同时应该贯彻于教学评价阶段。教师不仅应该将评价焦点放在学生输出语言的流利性、准确性和复杂性等方面，还应该关注其意义协商和任务达成的情况。

(7) 任务单就是"任务"的具体化，它以一种直观的方式，把学生的注意力吸引到语言任务上来，不仅是学生完成任务的依据，也是教师评价学生任务达成情况的依据。

(8) 同其前身交际语言教学法一样，基于任务的教学法的理论源流之一也是人本主义心理学。尊重学生的个体差异，关注每一位学生的发展，也是基于任务的教学法的指导思想。

(9) 教师通过各种语料资源可以为学习者及时提供完成交际任务所需要的真实语料,而指令卡和任务单等资源则有助于让学生直接了解任务目标与教师的真实意图。

第三节 英语教学方法的策略及实践

在某种教学理念的指导下,为获得较好的教学效益,教师根据教学情景和教学任务的认识与理解,调节教学活动行为,这就是教学策略。

一、英语教学方法的传统策略

在运用教学策略时,教师应按要求执行,从而将教学策略转化为教学的具体活动,以获得较好的教学效果,这样做的原因是教学策略都有特定的操作步骤和做法。当然,这些步骤和程序可以根据具体的教学目标和教学内容加以调整。有时教师自身未必意识到自己所运用的教学策略,是自己教学理念与思想的具体化。

教学策略的产生途径主要有以下四个。

(1) 教师深入分析和思考具体的教学方法和技巧。

(2) 教师结合具体教学环境对理论进行的积极、主动的选择与取舍,并将教育理论真正融入头脑中已有的理论框架。

(3) 教师总结和反思过去的教学经验。

(4) 教师深入分析和判断教育理论。

由于并不存在适用于一切教学活动的最优教学策略,抽象地评论某种教学策略是好或不好,既缺乏实用价值,又不符合教育科学标准。在教学研究和实践中,人们从不同角度、立足于不同理论提出各种教学策略。

(一) 示范模仿教学策略

英语教师在教学中经常使用这种策略。该策略主要有动作定向、动作分解、自主练习、技能迁移四个阶段，主要目的是使学习者的语言技能得到发展。

在动作定向阶段，为了帮助学习者明确要学会的行为技能的要求，教师的主要工作是说明学习者需要掌握的行为技能的原理，并演示具体技能的要领。

在动作分解阶段，为了使学习者更精确、更熟练地掌握技能，教师引导学习者模仿分解的动作，并且及时提供信息，修正不正确的技能动作，强化正确的技能动作。

在自主练习阶段，学习者已掌握动作的基本要领，能够将单个技能动作组合成整体技能。这时，教师就要让他们反复练习，使其对技能的掌握更加娴熟。

在技能迁移阶段，基本上，学习者的动作技能已经达到自动化的程度，并将获得的该技能与其他技能组合，构成更为复杂的技能。

（二）先行组织者教学策略

先行组织者教学策略更适合包含一系列相互联系的概念的材料，而不是单个的概念。它强调学习者的认知结构对学习过程所产生的影响。教师在教学过程中的作用是：呈现材料，传授和解释技能与知识。其中，先行组织者是改善学习者的认知结构、促进其大脑对新知识保持的主要手段。先行组织者教学策略实施过程包含三个阶段：一是先行组织者的呈现，即阐明教学目标，呈现组织者，唤起学习者对相关知识和经验的意识；二是呈现学习任务和材料，即分层次地呈现学习材料，保持学习者的注意；三是增强学习者认知结构，即融会贯通，增强学习者认知结构中的有关概念之间的联系，以一种有意义的方式促使学习者真正理解所学习的内容。

（三）情境—陶冶教学策略

通过创设与现实生活类似的情境，情境-陶冶教学策略使学习者完全放松地陶冶情操、培养健康的情感。该策略主要包括三个教学阶段，即创设情境、自主活动、总结转化阶段。

在创设情境阶段，教师应当借助感人的音乐渲染、真实的事物演示和生动的语言描绘等方式，为学习者创设一个生动形象的场景，促使其融入情境之中。

第六章 英语教学方法的策略及实践研究

在自主活动阶段,为了帮助在潜移默化中进行学习,教师应当引导学习者参与各类语言游戏中,促使其在真实的情境中积极主动地参与各种智力操作活动。

在总结转化阶段,教师要总结学习任务的完成情况,帮学习者理解所学习内容的情感基调,促其统一协调情感与智力的发展,加深领悟所获得的知识和经验,并将其转化为指导其思想和行为的准则。

(四) 掌握学习教学策略

掌握学习教学模式不鼓励学习者之间的比较,而是鼓励每个学习者都应成为知识的掌握者,倡导学习者之间的互帮互助。掌握学习教学策略反映了布鲁姆主张的"人人都能学习"的观点,其应用包括教学的准备阶段和教学的实施阶段。

在准备阶段,教师应当根据教学内容之间的逻辑关系,将其分为不同单元,然后详细指定相应的教学目标、评价标准。

在实施阶段,教师要提供给学习者多种形式的反馈,以便做出形成性评价。通过形成性评价,检查学习者对知识技能的掌握情况,让未能达标的同学进行矫正学习。

二、英语教学方法的实践操作

为了取得良好的教学效果,英语教师在教学过程中可以使用如下四种传统的英语教学方法。

(一) 情境教学法

情境的设计从英语学习角度看,要包括以下因素:相关的范例,认知工具,教师的指导作用,为学习者提供概念框架(目的是引导学习者对所学知识的理解不断深入),学习任务的呈现,信息资源,自主学习设计。

其意义建构的程序为:分析教学目标→设计教学结构→设计信息技术的辅助作用→设计自主学习策略→设计协作式学习活动→设计学习过程与学习效果评价。

情境教学法的评价重视评价学习者所取得的进步,重视及时反馈评价信息,重视对学习者高层次学习目标的评价，重视基于真实语境的评价，重视评价主体的多元化与评价方式的多样化，重视学习者参与学习过程与学习效果评价活动。

(二) 任务教学法

任务教学法具有以下特点：倡导将运用语言的能力作为语言知识教学的目的；强调学习者的学习过程；强调培养学习者对语言的综合运用能力。它以完成任务的过程为学习过程，体现教学效果的方式是展示任务成果，教学动机或动力是帮助学习者完成具体的学习任务。

我国英语教学目前以课堂教学为主要方式，对处于基础阶段的学习者，课堂教学主要有以下几个阶段。

1. 做任务设计

作为任务教学法的关键环节，任务设计会影响任务教学方法的其他各个环节。在日常教学过程中，教师应遵循八大原则，见表6-4。

表6-4 任务设计应遵循的原则

原则	含义
反思性原则	从严格意义上说，虽然培养学习者的自主学习能力并非局限在某个特定教学法的原则内，但是任务教学法尤其强调培养学习者的反思能力。任务设计应包括为学习者提供反思的机会，即对所学习的内容及学习效果进行反思。培养学习者的反思能力，引导学习者不仅注重学习目的，而且注重学习过程
语言、情境真实性原则	在设计学习任务时，教师一定要注意为学习者创设真实的语言环境，布置与学习者的学习和生活相关的真实任务，因为唯有语言、情境真实，语言的使用才可能真实，只有具有真实性的学习任务才能更好地激发学习者的学习积极性。可以说，语言、情境真实性原则是任务教学法的核心
创新意识培养原则	在日常的教学工作中，教师应留给学习者开展资料查询、问题讨论、动手实践、总结问题等活动的时间，鼓励其提出与他人不同的解决问题的办法，允许其在任务完成过程中充分地表现出自己的个性和看法，逐渐培养其发散思维能力、创新思维能力和独立思考能力
语言形式、意义、交际功能与学习任务结合的原则	虽然任务教学法不以语言结构的练习为学习目的，但鉴于目前我国英语学习环境特点，应当将语言形式、功能、任务三方面合而为一。学习者在完成任务的过程中了解语言知识的用法、意义和功能，使他们在完成任务的过程中既掌握语言知识，又培养语言运用能力

第六章　英语教学方法的策略及实践研究

续表

原则	含义
师生和谐共创原则	信任和鼓励是十分有效的教育手段，这是形成师生和谐教学交往关系的前提。强调教师与学习者之间应建立和谐的教学交往关系，强调教师与学习者之间的关系平等。在完成任务的过程中，教师既是知识的提供者，又是知识的分享者，还是学习过程的组织者。教师在教学中的权威表现在其对现代教学与课程的深刻理解与把握，表现在对学习者主体的引导与评价，也表现在激发学习者参与学习过程的动机和兴趣
任务梯度原则	学习任务的安排应遵循从简到繁、由易到难、由低级到高级的原则，从简短、浅显的任务逐渐上升至较长的、较复杂的任务，甚至从任务逐渐延伸到项目。所谓项目学习就是引导学习者进行创作、验证、完善，并制作出某种产品的活动
合作学习原则	合作学习意识通过创设积极主动探索、轻松愉快学习的情境，提高学习者的学习兴趣和学习主动性，这有助于学习者形成自信、自尊、与人为善的良好个性。每个学习者都具有均等的机会在各自完成任务的过程中讨论并解答问题，分享彼此的思考、经验和知识。这扩大了获取知识的渠道，同时也深化了对知识的理解和认识，培养了自主探究能力，以及形成了从多维度、多侧面寻求解决问题的策略
兴趣原则	兴趣是学习行为的驱动力，即兴趣可转化为学习动机。动机的强弱与学习者参与学习活动的强度成正比。参与任务的兴趣只有转化为参与动机，才能变成实际的来自心理的参与力。并且，在学习者参与学习任务的过程中，参与动机越强，参与的兴趣就越强。因此，在设计任务教学时要考虑到学习者的兴趣

2. 做任务准备

任务准备指学习者为学习新语言知识所做的准备。学习任务实施顺序主要有三种，见表6-5。

表6-5　学习任务实施顺序

实施顺序	适用范围
语言知识复习—学习任务呈现—学习任务完成—学习任务评价	目的是通过帮学习者巩固所学内容，复习所需要的语言，以提高学习者运用语言的正确程度。适合学习新语言知识点之后的复习课和活动课
学习任务准备—语言使用呈现—学习任务呈现—学习任务完成—学习任务评价	适合所学习的新语言知识点难度较大，或学习者刚开始接触任务教学模式的情况
学习任务呈现—学习任务准备—学习任务完成—学习任务评价	适用于大多数情况

3. 做任务呈现

任务呈现即对任务进行详细介绍,主要目的是引导学习者进入任务情景、帮学习者理解任务要求。

4. 做任务开展

任务开展是语言使用阶段,指的是学习者掌握新语言知识后,运用它完成任务的过程。2004年,纽南把学习任务按策略角度分为:具有人际沟通特点的学习任务;具有情感特点的学习任务;具有认知特点的学习任务;发挥学习者创造力特点的学习任务;具有语言学习特点的学习任务。

无论哪一种任务类型,完成任务的目的主要有四种,见表6-6。

表6-6 完成任务的目的

目的	含义
理解社会文化	了解同时代的本族语者的娱乐方式、学校活动、工作场景、家庭生活等日常生活模式
交际	建立和保持人际关系,以完成交换信息、观点、意见、行事等的目的
培养学习者自主学习能力	在某一时间段内,协商和计划自己的学习,确定现实目标并制定相应的实施办法
培养语言意识及文化意识	了解所学语言的系统特征及功能

5. 做任务评价

任务评价包括任务准备和任务展开两个阶段,主要是为了引导学习者重新审视任务过程。进行任务评价前,可以使用课堂观察、问卷调查、标准参照测试等方式收集相关数据。很多英语教师经常使用那些注重学习者在任务完成过程中的表现的评价手段。

(三)交际教学法

交际教学法的目标是对学习者交际能力的培养,基础是社会语言学理论和心理语言学理论,其大纲就是交际功能。注重语言的结构功能,又注重语言的交际功能,是交际教学法最重要的特征之一。

第六章 英语教学方法的策略及实践研究

卡纳尔和斯温认为交际能力有四部分,见图 6-1 和表 6-7。

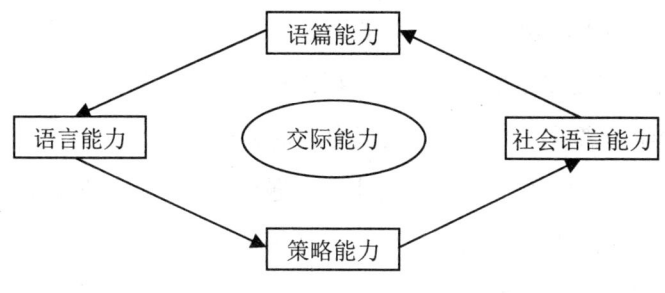

图 6-1 交际能力的组成

表 6-7 交际能力的组成部分及简介

组成部分	简介
社会语言能力	知道如何询问对方及如何运用非语言交际手段达到交际目的等,了解关于目标语的社会文化知识能够帮助学习者在交际过程中话语表达的适切性
策略能力	如果学习者的篇章能力、社会语言能力和语言能力的知识不足,可以用策略能力加以弥补
语言能力	只有掌握句法、词汇等知识,学习者才有可能清晰、准确地表达意义
语篇能力	在语言交际中,交际者输入、输出语言都离不开感知和处理语篇的能力。较强的语篇能力能解码先前听到或读到的句子和句群的意义,形成意义表征

以词汇的选择为例,一些正式用语和非正式用语见表 6-8。

表 6-8 一些正式用语和非正式用语

非正式	正 式	非正式	正式
leave	depart	job	position
scared	apprehensive	fire	dismiss
blow up	explode	tired	fatigued
quit	resign	flunk	fail
cut down	reduce		

1. 交际活动设计

课堂上的交际活动设计主要包括功能交际活动和社会交往活动。设计时不应忽视课外学习活动设计、交际课堂环境下的角色认识、交际课堂环境下学习者的心理因素，同时应注意以下两个方面。

(1) 培养学习者的功能交际活动能力。其包括简短对话、描述活动、猜词活动，目的是使学习者尽量根据建立的目标语知识体系实现有效的交际。

(2) 培养学习者的社会交往活动能力。这类社会交往活动可以基于学习者熟悉的事件或场景，也可以是学习者将来可能遇到、目前尚不熟悉的事件。总结起来，活动设计包括：以辩论或讨论形式展开的角色扮演（示例见表6-9），借助提示信息来完成的角色扮演（示例见表6-10），借助交际情境和交际目标完成的角色扮演（示例见表6-11），借助提示性对话来完成的角色扮演（示例见表6-12）。

表6-9 以辩论或讨论形式展开的角色扮演示例

Learner A：Role：Miss Julia Jenkins，single
You feel that you should contact one of the charity organizations advertised in a magazine，at least for advice

Learner B：Role：Renald Rix，the local vicar
You wish to raise some money for an old people's club by holding jumble sales

Learner C：Role：Mr. David Hicks，headmaster of the local primary school
You are anxious for the students at your school to play a role in helping the aged

Learner D：Role：Mrs. Dorothy Foster，widow
You think the money should be spent on the renovation of an old country house，which could be used as an old people's recreation center

表6-10 借助提示信息来完成的角色扮演示例

Learner A：You arrive at a small hotel one evening. In the foyer，you meet the manager（ess）and:
ask if there is a vacant room.
ask about the price，including breakfast.
say how many nights you would like to stay.
ask where you can park your car for the night.
say what time you would like to have breakfast

Learner B：You are the manager（ess）of a small hotel that prides itself on its friendly，homely atmosphere. You have a single and a double room vacant for tonieht. The prices are $850 for the single room，$1500 for the double room. Breakfast is $1.50 extra per person. In the street behind the hotel，there is a free car park. Guests can have tea in bed in the morning for 50 cent

第六章 英语教学方法的策略及实践研究

表 6-11 借助交际情境和交际目标完成的角色扮演示例

Learner A: You wish to buy a car. You are in a showroom, looking at a second-hand car that might be suitable. You decide to find out more about it, for example, how old it is, who the previous owner was, how expensive it is to run and whether there is a guarantee. You can pay up to about $900 in cash

Learner B: You are a car salesman. You see a customer looking at a car in the showroom. The car is two years old and belonged previously to the leader of a local pop group. Your firm offers a three-month guarantee and can arrange hire purchase. The price you are asking for the car is $1400

表 6-12 借助提示性对话来完成的角色扮演示例

You meet B in the street	You meet A in the street
A: Greet B	A:
B:	B: Greet A
A: Ask B where he is going	A:
B:	B: Say you are going for a walk
A: Suggest somewhere to go together	A:
B:	B: Reject A's suggestion and make a different suggestion
A: Accept B's suggestion	A:
B:	B: Express pleasure

(3) 社会交往活动能力的延伸。延伸社会交往活动能力，主要有社会戏剧、策略式交往活动两种方式。

社会戏剧侧重培养学习者的社会交往能力，其过程为：进行准备→展示新词汇→展示要解决的问题→讨论故事所发生的语境→给每个学习者分配角色→指定观众→表演→进行新一轮的角色扮演→重新表演→总结→开展后续活动。

策略式交往活动是即兴式的，为更符合现实交际活动的特点，设计时应将听力活动和视觉活动有机结合。

2. 交际能力评价

在交际课堂环境下，培养学习者的交际能力，要求学习者能创造性地使用语言，是交际教学法的目标。对语言形式使用的评价主要依靠三个方面，即评价交际活动中学习者运用目标语的得体性，评价交际活动中学习者对文化背景知识的掌握，评价交际活动中学习者对约定俗成知识的掌握。

(四) 自主学习教学法

自主学习教学法即学习者自主学习为主,强调教师建立或给学习者自主学习的环境,帮助其成为自主学习者。

教师在教学设计过程中应考虑以下几点,为学习者创设适应自主学习的学习环境:以学习者为中心,发挥教师的主导作用;提供自学资源或构建自学中心;开展策略教学,培养学习者的策略意识;逐步增多自主监控,减少外部监督。

1. 自主计划

很明显,自主计划是学习前的准备,教师应针对学习内容,帮助学习者做好非语言准备与语言准备。从培养学习者元认知策略意识的层面来看,自主计划主要包括四种学习行为,见表6-13。

表6-13 自主计划的学习行为

学习行为	含义
集中注意	事先计划学习者在学习任务完成过程中始终保持自己的注意力
自我管理	控制自己的语言行为,尽可能地利用已有的目标语知识;了解促使学习任务顺利完成的各项条件并尽量创造出这样的条件
先行组织	预习学习材料,了解重要概念及相关大意
选择注意	事先确定要注意学习任务中输入的某些方面的特征或有助于任务完成的情境细节;在任务完成过程中注意语言输入的某些方面

2. 自主监控

自主监控包括发现问题、自我监控两个方面的语言行为,即学习者要在学习过程中,修正、核查或确认自己的语言行为。自主监控主要有八种类型,见表6-14。

表6-14 自主监控的类型

类型	含义
输出监控	监控、确认或修正自己的语言输出
视觉监控	根据自己看到的信息做出决定
策略监控	监控自己对某一策略的使用情况
语体监控	根据内在的语体特征监控、确认或修正
计划监控	监控自己所做计划的完成情况

续表

类型	含义
理解监控	确认或修正自己的理解
听力监控	根据自己听到的信息做出决定
双重核查监控	在整个任务完成过程中监控实现采取的学习行为或考虑到的可能性

3. 自主评价

自主评价指的是完成学习任务后，学习者核查以下三个方面：自己完成学习任务的能力；学习策略的使用情况；所学知识的掌握准确程度与完整程度。学习者通过自主学习教学法，应具备三种能力，见表 6-15。学习者的自主评价包括五个方面，见表 6-16。

表 6-15　学习者应具备的能力

能力	含义
自我意识	学习者对自身作为学习者的意识的提高，如学习目的、学习动机及对目标语语言系统不同方面的认识等
语言意识	学习者认识到语言是一个有组织的系统；如演绎和归纳语法的能力；辨别目标语语体和功能的能力；掌握不同的学习策略及使用等
自我评估能力	学习者能够监控和评价自己在语言学习过程中取得的进步。同时，学习者还能确定自己的学习目标，并使用自我管理的策略确定符合所处现实学习环境下应该达到的学习目标

表 6-16　学习者的自主评价

评价	含义
输出评价	任务完成后核查自己是否完成学习任务
语言行为评价	评判自己在任务完成过程中的表现
能力评价	评判自己完成学习任务的能力
策略评价	评判自己在完成学习任务中策略的使用情况
语言掌握评价	评判自己对目标语本身的掌握情况

参 考 文 献

曹剑波．2009．英语交际教学法与英语传统教学法在初中课堂的结合与应用[D]．辽宁师范大学．

曹荣平，张文霞，周燕．2004 形成性评估在中国大学非英语专业英语协作教学中的运用[J]．外语教学，(5)：82-87．

陈勇．2013．CIPP 评价模式在高职商务英语专业商务实践类课程中的应用研究[J]．长春教育学院学报，29(17)：131-133．

范仲英．1994．实用翻译教程[M]．北京：外语教学与研究出版社．

顾世明．2013．促进大学英语自主学习的课程因素研究[D]．上海外国语大学．

广瑜．2010．文化语境与高中英语教学[D]．辽宁师范大学．

姜男．2018．"互联网+"时代大学英语网络课程的应用[J]．文化创新比较研究，(9)．

教育部．高等学校英语应用能力考试大纲制订组．2001．高等学校英语应用能力考试大纲和样题[M]．北京：高等教育出版社．

金国臣，李玉梅，武晓燕．2010．现代大学英语教学研究理论、方法与策略[M]．北京：石油工业出版社．

巨瑛梅，刘旭东．2004．当代国外教学理论[M]．北京：教育科学出版社．

李如密．1995．教学艺术论[M]．济南：山东教育出版社．

李文革．2004．西方翻译理论流派研究[M]．北京：中国社会科学出版社．

李鑫浧．2017．"互联网+"背景下高职院校英语教师发展面临的危机及对策[J]．才智，(25)：41．

刘建金．2012．大学英语教学中植入中国文化内容的意义及策略[J]．世界教育信息，(17)：69-71．

刘悦明，熊宜春，陈勇．2011．创建网络翻译课堂，推进翻译教学改革——以一堂翻译课为实例[J]．外语界，(1)：82-88．

罗选民．2012．中国的翻译教学：问题与前景[J]．中国翻译，(4)：56-58．

孟琳．2008．浅谈英语应用能力考试的翻译技巧[J]．技术与教育，(1)：73-75．

穆雷．2012．中国翻译教学[M]．上海：上海外语教育出版社．

倪方．2014．互联网技术在高职英语教学中的应用研究[J]．教育与职业，(32)：191-192．

钱俊生，余谋昌．2004．生态哲学[M]．北京：中共中央党校出版社．

曲佳，廉勇．2006．基于Microsoft．NET Framework 2．0技术图书馆期刊发布系统的研究与实现[J]．现代情报，(8)．

施良方，崔允漷．1999．教学理论：课堂教学的原理、策略与研究[M]．上海：华东师范大学出版社．

石中英．2001．知识转型－教育改革[M]．北京：教育科学出版社．

史爱华，廉勇，胡智勇，等．2014．英语和汉语语序异同对比[J]．承德石油高等专科学校学报，(6)：71-73．

束定芳．2004．外语教学改革：问题与对策[M]．上海：上海外语教育出版社．

宋海波，廉勇．2015．浅析语言学习内控观对大学英语教学的影响[J]．石油教育，(5)84-86．

孙敏．2010．新课改下的合作学习在高中英语教学的研究[D]．辽宁师范大学．

孙潇澜．2012．互动教学理论在空管英语课堂中的应用研究[D]．吉林大学．

孙雅君．2017．"互联网+"时代高校英语课堂教学的思考[J]．吉林农业科技学院学报，(02)：97-98．

汪晓莉．2008．聚焦大学英语翻译教学[J]．合肥工业大学学报，22(4)：141-145．

王笃勤．2010．大学英语评价效度研究[J]．中国外语，(2)：13．

王述文．2008．综合英汉翻译教程[M]．北京：国防工业出版社．

魏朝夕．2010．大学英语文化主题教学探索与实践[M]．北京：中国农业科学技术出版社．

夏纪梅．2002．现代外语教材练习的质量观——兼谈现代外语教材的师培功能[J]．外语界，(1)：22-25．

张美芳．2001．中国英汉翻译教材研究(1949－1998)[M]．上海：上海外语教育出版社．

赵萱，郑仰成．2006．科技英语翻译[M]．北京：外语教学与研究出版社．